Just Listen
10분에 150문장 듣기

이 책의 활용

Listening Practice – English

1. 지문을 보지 않고, 듣고 바로 따라 하는 연습을 해봅니다.
   처음에 이렇게 한 덩어리의 집합인 "소리"로 접근하는 것도 좋아요.
   자연스럽게 발음되는 연음도 들으면서 문장을 그대로 따라 해 보는 연습을 하는 거예요.
2. 간혹 안 들리는 단어나 표현은 지문을 보면서 따라 할 수 있어요.
   힌트의 단어를 보면서, 듣고 있는 문장을 이해하는 연습도 해봅니다.
3. 지문을 보거나 문장을 들으면서 큰소리로 말하는 연습을 할 수도 있어요.
4. 지문을 보고 해석해 보는 연습도 한다면, Listening 과 Reading 연습을 동시에 할 수 있어요!

Listening Practice - Korean

1. 지문을 들으며 들은 문장의 의미를 바로 이해해 봅니다.
   지문의 문장들만이 정확한 답이라는 접근보다는, 그 지문의 내용과 의미 전달이 같으면 맞는다고 보실 수 있어요.
2. 모르는 것 같은 단어나 표현은 힌트에 있는 뜻을 참고할 수 있어요.
3. 마지막엔 지문을 보고 한국말을 영어로 바꿔보는 연습도 한다면, Listening 과 Speaking 연습을 동시에 할 수 있어요!

Shadowing Practice - English & Korean

1. 짧은 대화를 들으면서 따라 해보는 연습을 할 수 있어요.
2. 들으면서 대화의 내용을 이해해 보기 연습도 할 수 있고요.
3. 단원이 진행이 될수록 전단원들의 문장이나 표현들이 함께 들어가 있어서 복습에도 효과적이에요!
4. 영어의 지문들은 보면서 해석도 해보고, 한국어 지문들은 보면서 영어로 바꾸어 말해보는 연습도 할 수 있습니다.

목차

Unit 1 현재 상태를 나타내는 말들 be 현재 (am, is, are) **008**

Unit 2 할 수 있는 것과 못하는 것의 가능성과 부탁들 can **036**

Unit 3 하고 싶은 것과 하기 싫은 것들의 의사표시 want to (wanna) **064**

Unit 4 해도 되는 것과 하면 안 되는 허락들 can **092**

Unit 5 할게와 안 할게의 약속과 제안들 will & shall **120**

Unit 6 해야 되는 것과 안 해도 되는 의무들 have to **148**

Unit 7 할 것과 안 할 것의 계획들 be going to (gonna) **176**

Unit 8 하는 게 좋은 것과 아닌 의견 제시들 should **204**

Unit 9 하고 싶은 것과 "줄까?"의 의사표시와 제의들 would like (to) **232**

Unit 10 있는 것과 없는 것의 존재들 There is **260**

Unit

1

Unit 1
현재 상태를 나타내는 말들

be 현재 (am, is, are)

Questions	Answers	
Are you?	Positive	I am [I'm]
	Negative	I am not [I'm not]

<주의>

	의문	긍정	부정
he/she/it	Is he/she/it?	He/She/It is	He/She/It isn't
we/you/they	Are we/you/they?	We/You/They are	We/You/They aren't

> 이렇게 이해합니다.

바로 뒤에 들리는 단어(형용사나 명사)를 현재(지금)의 상태로 넣어 자연스럽게 연결해서 이해합니다.

의문	긍정	부정
Are you sick? sick 아픈 + 현재(지금) 상태	I am sick. sick 아픈 + 현재(지금) 상태	I'm not sick. sick 아픈 + 현재(지금) 상태
(현재/지금) 아파?	(현재/지금) 아파.	(현재/지금) 안 아파/아프지 않아.

<심화>

뒤에 동사 하나 더 넣고 싶으면 "to"로 연결

I'm happy to see you. 널 봐서 좋아.

It's time to go. 갈 시간이야.

Listening Practice

긍정문

☞ 듣고 따라 해보세요!
읽고 이해해 보세요!

Unit 1

#	문장	단어
1	She is my best friend. We're besties.	besties 베프, 절친
2	We are late again.	
3	He is always friendly.	friendly 상냥한, 친절한
4	I am on the phone with my client. Sorry.	on the phone 통화 중인
5	They are busy at the moment.	at the moment 지금
6	We are on the way to the hospital.	on the way (to) ~가는 길, 오는 길
7	I am so grateful. Thank you for your kindness.	grateful 감사하는 kindness 친절(함)
8	He is still here.	
9	We are nearly there. See you soon.	nearly there (거의) 다 온
10	You are right. I agree with you.	I agree with you. 동의해. (너 말이 맞아)

Listening Practice

긍정문

☞ 듣고 따라 해보세요!
읽고 이해해 보세요!

11	That's a good choice.	
12	It's so beautiful here.	
13	It is on the table.	
14	It's true.	
15	It is so much fun. I love it.	
16	This is an expensive gift.	
17	It's quite close.	quite 꽤, 매우 close 가까운
18	That's annoying.	annoying 짜증 나는
19	It's a bit strong for me.	
20	That's an inspirational story. I am touched.	inspirational 감동적인 touched 감동받은

Listening Practice

긍정문

☞ 듣고 따라 해보세요!
읽고 이해해 보세요!

21	Your idea is crazy.	
22	This movie is boring.	boring 재미없는, 지루한
23	It's lame.	lame 유치한
24	Everything is fine.	
25	Anything is possible.	anything 뭐든, 아무거나
26	Everything is delicious. You are a good cook.	a good cook 요리 잘하는 (사람)
27	The road is wet and slippery.	slippery 미끄러운
28	It's very convenient.	convenient 편리한
29	That is amazing. I'm proud of you.	amazing 대단한, 놀라운 proud of 자랑스러운
30	It's easy to use.	

Listening Practice

부정문

☞ 듣고 따라 해보세요!
읽고 이해해 보세요!

31	He's not afraid of anything. He's so brave.	afraid of 무서워하는, 두려워하는
32	I am not interested in him.	interested in 관심 있는
33	We aren't worried about them. They are ok.	
34	She isn't married. She is single.	
35	He is not a bad person.	
36	I am not well.	
37	They are not here yet.	
38	You aren't weak.	weak 약한
39	She is not my girlfriend. She is just a friend.	
40	I'm not angry with you. I'm mad at myself.	angry with/mad at 화난

Unit 1

Listening Practice

부정문

☞ 듣고 따라 해보세요!
읽고 이해해 보세요!

41	It isn't your fault. It's no one's fault.	fault ~의 잘못
42	It's not that big of a deal.	big of a deal 큰일
43	It's not small at all. It's the right size.	at all 전혀
44	This isn't mine. Mine is bigger.	
45	It isn't an easy decision.	decision 결정
46	It's not important. Don't worry about it.	
47	It isn't there.	
48	It is not hard. It's pretty easy.	pretty 꽤, 매우
49	It's not that simple.	that simple 그렇게 간단한
50	That's not fair.	fair 공평한

Listening Practice

부정문

☞ 듣고 따라 해보세요!
읽고 이해해 보세요!

#	Sentence	Vocabulary
51	It's not too late.	
52	It's not an excuse. It's the truth.	excuse 핑계 the truth 진실
53	These aren't the same. They are different.	
54	It isn't cheap.	
55	It is not very far. It's within walking distance.	within walking distance 걸어갈 수 있는 거리
56	It isn't over yet.	over 끝(이 난)
57	It's not the end of the world. Cheer up.	the end of the world 세상의 끝
58	That isn't helpful.	helpful 도움 되는
59	It is not my intention.	intention 의도
60	Those aren't free.	

Unit 1

Listening Practice

의문문

☞ 듣고 따라 해보세요!
읽고 이해해 보세요!

61	Where is he? Is he in the office?	
62	Are you in a hurry?	in a hurry 바쁜, 서둘러야 되는
63	How is she? Is she well?	
64	Am I late?	
65	Who are they? Are they your friends?	
66	Why are you angry with her?	
67	Is he tall? Is he good looking?	good looking 잘생긴
68	Where are we?	
69	Why are you upset? Tell me.	upset 속상한
70	Is he ok?	

Listening Practice

의문문

☞ 듣고 따라 해보세요!
읽고 이해해 보세요!

71	Is it a joke? That's not funny at all.	
72	Is it easy?	
73	Is this enough?	enough 충분한
74	Is that new?	
75	Why is it still here?	
76	Is this your seat?	seat 자리
77	Is something wrong?	
78	Is everything alright?	
79	Is that a problem?	
80	Is it on?	

Unit 1

19

의문문

☞ 듣고 따라 해보세요!
읽고 이해해 보세요!

81	What's your plan?	
82	Whose book is that? Is it yours?	whose 누구의
83	Is it serious?	
84	What's it like? Is it good?	What's it like? 어때? (느낌)
85	What's the weather like?	
86	What is the next step?	
87	What's the best way to do that?	
88	What is it about? Is it about your job?	
89	When is it due?	due 기한인
90	Is it available now?	available 이용 가능한

Listening Practice

의문문

☞ 듣고 따라 해보세요!
읽고 이해해 보세요!

91	How much are these?	
92	Whose fault is that?	
93	Which car is yours? Is it the blue one?	
94	What's wrong? Are you worried about something?	
95	What's the matter? Are you sick or something?	or something 등등, 뭐 그런 거야?
96	Is that really possible? That's unbelievable.	unbelievable 믿을 수 없는
97	What's that? Is it for me?	
98	Anything else? Is that all?	Anything else? 다른 거 (더) 있어요?
99	Is that necessary?	necessary 필요한, 필수인
100	What's your secret for success?	success 성공

Unit 1   21

Listening Practice

긍정문

☞ 들으며 이해해 보세요!
보고 영어로 말해보세요!

Unit 1

1	그 애 내 제일 친한 친구야. 우리 베프야.	besties 베프, 절친
2	우리 또 늦었다.	
3	그 앤 항상 친절해 (상냥해).	friendly 상냥한, 친절한
4	나 의뢰인과 통화 중이야. 미안.	on the phone 통화 중인
5	그 애들 지금 바빠요.	at the moment 지금
6	우리 병원에 가는 길이야.	on the way (to) ~가는 길, 오는 길
7	저 정말 감사해요. 당신의 친절 고마워요.	grateful 감사하는 kindness 친절(함)
8	그 애 아직 여기 있어.	
9	우리 거의 다 왔어. 금방 봐.	nearly there (거의) 다 온
10	너 (말) 가 맞아. 동의해.	I agree with you. 동의해. (너 말이 맞아)

Listening Practice

긍정문

☞ 들으며 이해해 보세요!
보고 영어로 말해보세요!

11	(그거) 좋은 선택이야. 🔊	
12	여기 너무 아름다워. 🔊	
13	(그거) 테이블 위에 있어. 🔊	
14	진짜야. (사실이야) 🔊	
15	너무 재미있어. 너무 좋아 (난 이게 너무 좋아). 🔊	
16	이거 비싼 선물이야. 🔊	
17	꽤 가까워. 🔊	quite 꽤, 매우 close 가까운
18	(그거) 짜증 나. 🔊	annoying 짜증 나는
19	나한테는 조금 독해. (강해/써) 🔊	
20	(그거) 감동적인 이야기다. (나) 감동받았어. 🔊	inspirational 감동적인 touched 감동받은

Listening Practice

긍정문

☞ 들으며 이해해 보세요!
보고 영어로 말해보세요!

21	미친 생각이야. (너의 아이디어는 미쳤어)	
22	이 영화 재미없어.	boring 재미없는, 지루한
23	유치해.	lame 유치한
24	모든 것이 괜찮아.	
25	뭐든지 (아무거나) 가능하지.	anything 뭐든, 아무거나
26	다 (모든 것) 맛있어. 너 요리 잘한다.	a good cook 요리 잘하는 (사람)
27	길이 젖었고 미끄러워.	slippery 미끄러운
28	매우 편리해.	convenient 편리한
29	(그거) 대단하다. 난 네가 자랑스러워.	amazing 대단한, 놀라운 proud of 자랑스러운
30	쓰기 쉬워. (사용하기 쉬워요)	

Listening Practice

부정문

☞ 들으며 이해해 보세요!
보고 영어로 말해보세요!

31	그 앤 아무것도 무서워하지 않아. 아주 용감해.	afraid of 무서워하는, 두려워하는
32	난 그 에게 관심 없어.	interested in 관심 있는
33	우린 그것들(에 대해) 걱정하지 않아요. (그것들) 괜찮아.	
34	그 앤 결혼 안 했어(결혼 안 한 상태). 싱글이야.	
35	그 애 나쁜 사람이 아니야.	
36	나 몸이 안 좋아.	
37	그 애들 아직 안 왔어. (그 애들 아직 여기에 없어.)	
38	너 약하지 않아.	weak 약한
39	그 애 내 여자친구 아니야. 그냥 친구야.	
40	나 너에게 화난 거 아니야. 나 자신에게 화가 나.	angry with/mad at 화난

Unit 1

25

Listening Practice

부정문

☞ 들으며 이해해 보세요!
보고 영어로 말해보세요!

41	(그건) 너의 잘못이 아니야. 아무의 잘못도 아니야.	fault ~의 잘못
42	별일 아니야. (그렇게 큰일이 아니야)	big of a deal 큰일
43	전혀 작지 않아. 맞는 사이즈야.	at all 전혀
44	이거 내 것이 아니야. 내 것은 더 커.	
45	쉬운 결정이 아니다.	decision 결정
46	중요하지 않아. 그건 걱정하지 마.	
47	(그거) 저기 없어.	
48	어렵지 않아. 꽤 쉬워.	pretty 꽤, 매우
49	그렇게 간단하지 않아.	that simple 그렇게 간단한
50	억울해. (공평하지 않아)	fair 공평한

Listening Practice

부정문

☞ 들으며 이해해 보세요!
보고 영어로 말해보세요!

51	많이 늦지 않았어.	
52	핑계가 아니야. 진실이야.	excuse 핑계 the truth 진실
53	이것들 같지 않아. 다른데.	
54	싸지 않아.	
55	별로 멀지 않아. 걸어갈 수 있는 거리야.	within walking distance 걸어갈 수 있는 거리
56	아직 끝나지 않았어. (아직 끝이 아니야.)	over 끝(이 난)
57	세상의 끝이 아니야. 힘내.	the end of the world 세상의 끝
58	그건 도움이 안 돼.	helpful 도움 되는
59	제 의도가 아닙니다.	intention 의도
60	그것들 공짜가 아니야.	

Unit 1

27

Listening Practice

의문문

☞ 들으며 이해해 보세요!
보고 영어로 말해보세요!

61	그 애 어디 있어? 사무실에 있어?	
62	바쁘니? (서둘러야 되니?)	in a hurry 바쁜, 서둘러야 되는
63	그 애 어때? (어떻게 지내) 잘 있어?	
64	나 늦었니?	
65	쟤네들은 누구야? 네 친구들이니?	
66	너 그 애한테 왜 화났어?	
67	그 애 키 커? 잘생겼어?	good looking 잘생긴
68	우리 어디야? (우리 어디에 있는 거지?)	
69	왜 속상해해? 말해줘.	upset 속상한
70	그 애 괜찮나요?	

Listening Practice

의문문

☞ 들으며 이해해 보세요!
보고 영어로 말해보세요!

71	농담이야? 하나도 재미없거든. (전혀 웃기지 않아)	
72	쉬워요?	
73	이거면 충분한가요?	enough 충분한
74	그거 새 거야?	
75	이게 왜 아직도 여기 있지?	
76	이게 당신의 자리인가요?	seat 자리
77	뭔가 잘못됐어?	
78	모든 게 괜찮아요?	
79	그게 문제야?	
80	켜 (져) 있니?	

의문문

☞ 들으며 이해해 보세요!
보고 영어로 말해보세요!

81	네 계획이 뭐야?	
82	저거 누구(의) 책이야? 네 거니?	whose 누구의
83	심각해?	
84	그거 어때? 좋아?	What's it like? 어때? (느낌)
85	날씨 어때?	
86	다음 단계가 뭔가요?	
87	그렇게 하는 가장 좋은 방법(길)이 뭐예요?	
88	무슨 내용이야? (뭐에 대한 거야?) 네 직업에 관한 거야?	
89	언제 가 기한이야?	due 기한인
90	지금 있나요? (지금 이용 가능한가요?)	available 이용 가능한

Listening Practice

의문문

☞ 들으며 이해해 보세요!
보고 영어로 말해보세요!

91	이것들은 얼마인가요?	
92	그게 누구(의) 잘못이야?	
93	어느 차가 네 것이야? 파란 거야?	the blue one 파란 것
94	왜 그래? (뭐가 잘못됐어?) 뭔가 걱정 있니? (무언 가에 대해 걱정하니?)	
95	무슨 일이야? 너 아프거나 뭐 그래?	or something 등등, 뭐 그런 거야?
96	그게 정말 가능한가요? 믿을 수가 없어.	unbelievable 믿을 수 없는
97	그거 뭐 야? 내 거니? (그거 날 위한 거니?)	
98	딴 거는 요? (아무거나 다른 거 있어요?) 그게 다예요?	Anything else? 다른 거 (더) 있어요?
99	그럴 필요 있나요? (그게 필요한 가요?)	necessary 필요한, 필수인
100	당신의 성공의 비결은 무엇입니까?	success 성공

Unit 1

Shadowing Practice

1	A: Where is the key? B: It's on the table in the living room. A: It's not here. B: That's weird. A: Ah, I got it. It is under the table.	weird 이상한 I got it. 찾았다.
2	A: These are nice. How much are they? B: They are 300 dollars. A: They are a bit pricy. B: No, they aren't. They are the best price. A: Are you sure? B: Yes, I am absolutely sure.	pricy 가격이 있는 sure 정말인, 확신하는 absolutely 완전히
3	A: Which one is yours? B: The red one is mine. A: How about that one? Is that mine? B: No, it isn't yours.	the red one 빨간 것
4	A: You are a good friend. B: You are a wonderful friend as well. A: I am so lucky to have a friend like you. B: Same here. It's always nice to talk to you. A: This is for you. It's a gift. B: That's very thoughtful of you. Thank you so much.	as well ~ 도 역시 Same here. 마찬가지야. (나도) thoughtful of 사람 배려하는, 세심한
5	A: Where are you? B: I'm nearly there. I'm about to get off. A: I am in front of the bank. B: Ok. See you soon.	nearly there 거의 다 온 about to 막 ~하려고 하는 get off 내리다

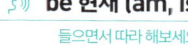 **be 현재 (am, is, are)**

들으면서 따라 해보세요!
읽고 이해해 보세요!

6	A: This is my partner Jim, and this is my girlfriend Sue. B: It's an honor to meet you. A: The honor is all mine. B: How are you doing? A: I am alright, thank you. Yourself? B: I am good, thanks.	honor 영광 Yourself? 넌? (당신은요?)
7	A: Are you ready to go? B: Yeah, almost. Give me 5 minutes. A: Alright. Take your time. B: I am ready to go now.	Take your time. 천천히 해.
8	A: Who is your boyfriend in this photo? B: This is my boyfriend. A: What's he like? B: He's kind, loving and generous. A: Is he nice to you? B: Yes, he is nice to me.	like ~처럼, ~같은 What's - like? 어때? (성격/느낌을 물음) generous 관대한, 돈 잘 쓰는, 너그러운 nice to 잘해주는
9	A: Is Jack in the office? B: No, he's not in the office. A: Where is he then? B: He's in a meeting with his client. A: OK. Thanks. I appreciate it.	I appreciate it. 정말 감사합니다.
10	A: Which way is it? B: Hang on. Let me see. A: I think it's that way. B: Yes, you are right. It's that way.	Hang on. 잠깐만. Let me see. (어디) 보자.

Shadowing Practice

1	A: 열쇠 어디 있어? B: 거실 테이블 위에 있어. A: (여기) 없는데. B: 이상하네. A: 아, 찾았다. 테이블 밑에 있어.	weird 이상한 I got it. 찾았다.
2	A: (이것들) 좋네요. 얼마예요? B: 300불이에요. A: 조금 가격이 있네요. B: 아니에요. 최고 가격이에요. A: 정말이에요? B: 네, 완전히 확신해요.	pricy 가격이 있는 sure 정말인, 확신하는 absolutely 완전히
3	A: 어느 게 네 것이야? B: 빨간 게 내 거야. A: 저건? 내 거니? B: 네 꺼 아니야.	the red one 빨간 것
4	A: 넌 좋은 친구야. B: 너도 역시 좋은 친구야. A: 너 같은 친구가 있어서 난 정말 운이 좋아. B: 마찬가지야. 너랑 이야기하는 거 항상 좋아. A: 이거(널 위한 거야). 선물이야. B: 배려 짱(=세심하네). 정말 고마워.	as well ~도 역시 Same here. 마찬가지야. (나도) thoughtful of 사람 배려하는, 세심한
5	A: (너) 어디야? B: 거의 다 왔어. 내리려고 해. A: 난 은행 앞이야. B: 그래. 금방 봐.	nearly there 거의 다 온 about to 막 ~하려고 하는 get off 내리다

be 현재 (am, is, are)

들으면서 이해해 보세요!
영어로 바꾸어 말해보세요!

6	A: 이쪽은 내 파트너 Jim이고, 이쪽은 내 여친 Sue야. B: 만나서 영광입니다. A: 저야말로 영광이죠. (그 영광은 모두 제 것입니다.) B: (기분) 어때요? A: 괜찮아요, 고마워요. 그쪽은요? B: 전 좋아요. 감사해요.	honour 영광 Yourself? 넌? (당신은요?)
7	A: (너) 갈 준비됐어? B: 응, 거의. 5분만 줘. A: 알았어. 천천히 해. B: (나) 이제 갈 준비됐어.	Take your time. 천천히 해.
8	A: 이 사진에서 네 남친이 누구야? B: 이게 내 남친이야. A: 어떤 사람이야? (성격이 거때?) B: 친절하고, 다정하고, 관대해. A: 너한테 잘해주니? B: 어, 잘해줘.	like ~처럼, ~같은 What's - like? 어때? (성격/느낌을 물음) generous 관대한, 돈 잘 쓰는, 너그러운 nice to 잘해주는
9	A: Jack 은 사무실에 있나요? B: 아니, 사무실에 없어요. A: 그럼 어디에 있어요? B: 고객이랑 미팅에 있어요. A: 알았어요. 고마워. 정말 감사해요.	I appreciate it. 정말 감사합니다.
10	A: 어느 길이야? B: 잠깐만. (어디) 보자. A: 저 길인 것 같아. B: 그래. (너) 맞네. 저 길이다.	Hang on. 잠깐만. Let me see. (어디) 보자.

Unit

2

Unit 2
할 수 있는 것과 못하는 것의 가능성과 부탁들

can

Questions	Answers	
Can you?	Positive	I can
		할 수 있어
할 수 있어? (가능성/능력) 해줄래? (부탁)	Negative	I can't
		못 해/할 수 없어

영어로 해석하기 연습!

문장을 끝까지 다 듣고 한국말로 모든 단어를 변화시켜서 이해하는 연습 말고,
들리는 영어를 넣고 해석하여 이해하는 연습이 좋아요!
영어든 한국어든 가장 먼저 떠오르는 단어가 최고 좋아요.

예: I can come by later.
　　☞ 이따가 come by 할 수 있어. / come by 할 수 있어 later에.

> 이렇게 이해합니다.

바로 뒤에 들리는 단어(동사)를 넣어 자연스럽게 연결해서 이해합니다.

의문	긍정	부정
Can you go now? go 가다 + 할 수 있어?	I can go now. go 가다 + 할 수 있어.	I can't go now. go 가다 + 못 해/할 수 없어.
(가는 걸 할 수 있어?) 지금 갈 수 있어?	(가는 걸 할 수 있어) 지금 갈 수 있어.	(가는 걸 못 해/ 할 수 없어) 지금 못 가/갈 수 없어.

긍정문

☞ 듣고 따라 해보세요!
읽고 이해해 보세요!

Unit 2

1	I can understand. It's okay.	
2	We can come early tomorrow. It's no problem.	
3	He can fix anything.	anything 아무거나, 뭐든지
4	I can call you back in 5 minutes, if you want.	call-back 전화를 다시하다 in 5 minutes 5분 안/후/있다가
5	She can speak 5 languages. She's amazing.	
6	You can do it easily. It's very simple.	
7	I can see you after work.	
8	I can wait for you. Take your time.	Take your time. 천천히 해.
9	We can come back in an hour if you are busy now.	in an hour 한 시간 안/후/있다가
10	We can survive this together.	

Listening Practice

긍정문

☞ 듣고 따라 해보세요!
읽고 이해해 보세요!

11	He can meet you next week.	
12	I can clean it up in no time.	clean-up 치우다 in no time 금방, 순식간에, 빨리
13	I can arrange a meeting for you. Are you ready?	arrange 정하다(계획), 주선하다
14	We can pick you up from school.	pick-up 데리러 가다 (사람)
15	I can pick it up tomorrow.	pick-up 가지러 가다 (물건)
16	I can introduce you to him.	introduce-to 소개하다
17	You can see everything up here. It's beautiful.	
18	I can be there in 5 minutes. See you in a bit.	in a bit 조금 후/있다가
19	I can be quiet. Let me stay.	Let me stay. 있게 (허락)해 줘.
20	He can buy anything. He's rich.	

Unit 2

Listening Practice

긍정문

☞ 듣고 따라 해보세요!
읽고 이해해 보세요!

21	We can deliver it this evening.	
22	I can get it on the way home.	
23	He can cook. He's a good cook.	
24	I can make it work. I can do it.	make-work 되게 하다, 되게 만들다
25	You can be like him.	like ~처럼, 같은
26	We can win this game.	
27	I can help you with that.	
28	He can protect me. I can count on him.	protect 보호하다 count on 믿다
29	I can email you the details.	
30	I can handle it without your help. Thanks anyway.	handle 처리하다

Listening Practice

부정문

☞ 듣고 따라 해보세요!
　 읽고 이해해 보세요!

31	I can't stop. It's hard.	
32	We can't do both. Choose one.	both 둘 다
33	I can't wait. I am too excited.	
34	I can't stop crying. I'm emotional.	stop -ing 멈추다, 그만두다 emotional 감정적인, 감정에 치우친
35	You can't change it now. It's too late.	
36	I can't tell him. I just can't.	
37	I can't remember the name of the hotel.	
38	You can't have that. It's not for sale.	for sale 판매용, 파는 것
39	I can't believe it. Is this real?	
40	We can't know for sure yet.	know for sure 확실히 알다

Listening Practice

부정문

☞ 듣고 따라 해보세요!
　 읽고 이해해 보세요!

41	I can't see you tonight. I am sorry.	
42	I can't be alone now. Can you stay with me?	
43	You can't stay there.	
44	You can't stop me. Nobody can.	
45	I can't lift it. It's too heavy.	lift 들다, 들어 올리다
46	I can't say anything.	
47	We can't tell anyone. It's a secret.	
48	I can't speak Spanish.	
49	We can't think about that now.	
50	I can't unlock the door. Something's wrong.	unlock (잠금을) 열다

Listening Practice

부정문

☞ 듣고 따라 해보세요!
읽고 이해해 보세요!

51	I can't understand him at all.	
52	I can't do that to him.	
53	You can't blame yourself. It's not your fault.	blame 탓하다
54	I can't eat anymore. I'm so full.	
55	I can't calm down.	calm down 진정하다
56	I can't stop thinking about it. It's in my head.	
57	We can't go today.	
58	I can't decide now.	
59	You can't avoid it forever.	avoid 피하다
60	You can't fight my battle. This is my battle.	battle 싸움, 전투

Unit 2   45

Listening Practice

의문문

☞ 듣고 따라 해보세요!
읽고 이해해 보세요!

61	Can you come right now?	
62	Can you help me with this?	
63	When can we meet?	
64	Can I see you this evening and discuss it?	discuss 상의하다
65	Can you go there with me?	
66	Can you speak Chinese?	
67	Can you let me know as soon as possible?	as soon as possible 가능한 한 빨리
68	I can't hear it. Can you turn it up?	turn-up (소리/볼륨) 올리다
69	Can you tell her that?	
70	When can you fix it?	

의문문

☞ 듣고 따라 해보세요!
　 읽고 이해해 보세요!

71	Can you come back later?	come back 다시 오다, 돌아오다
72	When can you come?	
73	What time can you be there?	
74	How fast can you be here?	
75	When can you start? Can you start next week?	
76	Can you pick me up?	
77	Can you remain calm?	remain calm 침착하다, 침착을 유지하다
78	How can I remain calm in this situation?	
79	How can we improve this? Any ideas?	improve 나아지다, 향상시키다
80	How soon can I get that?	

Unit 2

47

Listening Practice

의문문

☞ 듣고 따라 해보세요!
읽고 이해해 보세요!

81	How long can you stay?	
82	How can we help?	
83	What can I do for you?	
84	How can you say that?	
85	Can you be honest with me? Tell me the truth.	
86	How can you lie to me?	
87	How can you do this to me?	
88	How can I trust you again?	
89	You're amazing. How can I ever thank you?	
90	Can you figure it out on your own? I'm quite busy now.	figure-out 알아서 하다, 알아내다 on one's own 스스로

Listening Practice

의문문

☞ 듣고 따라 해보세요!
읽고 이해해 보세요!

91	Can you do me a favor? 🔊	do-a favor 부탁을 들어주다
92	Can you cancel that for us? 🔊	
93	Can you show me how to use this? 🔊	how to 어떻게 ~하는지, 방법
94	Pardon? Can you say that again? 🔊	Pardon? 네? 뭐라고요?
95	Sorry. Can you repeat that? 🔊	
96	Can you spell that, please? 🔊	spell 스펠링을 말하다
97	I'm late for the meeting. Can you drive me to work? 🔊	
98	Can you help me find it? 🔊	
99	Can you take a picture of us? 🔊	
100	Can you get me something to drink? 🔊	get 가져다주다 something to drink 마실 것

Unit 2

49

긍정문

☞ 들으며 이해해 보세요!
보고 영어로 말해보세요!

Unit 2

1	이해할 수 있어요. 괜찮습니다.	
2	우리 내일 일찍 올 수 있어. 괜찮아 (문제가 아니야).	
3	그 애는 뭐든지 (아무거나) 고칠 수 있어.	anything 아무거나, 뭐든지
4	5분 있다가 다시 전화할 수 있어, 네가 원하면.	call-back 전화를 다시 하다 in 5 minutes 5분 안/후/있다가
5	그 애는 5개의 언어를 (말) 할 수 있어. 대단해.	
6	너 그거 쉽게 할 수 있어. 매우 간단해.	
7	나 너를 일 끝나고 볼 수 있어.	
8	널 기다릴 수 있어. 천천히 해.	Take your time. 천천히 해.
9	한 시간 후에 다시 올 수 있어요 지금 바쁘시면요.	in an hour 한 시간 안/후/있다가
10	우리 함께 이거 이겨낼 수 있어. (우리 이거 함께 살아남을 수 있어)	

Just Listen - 10분에 150문장 듣기

Listening Practice

긍정문

☞ 들으며 이해해 보세요!
보고 영어로 말해보세요!

11	그분이 다음 주에 당신을 만날 수 있어요. 🔊	
12	금방 치울 수 있어. 🔊	clean-up 치우다 in no time 금방, 순식간에, 빨리
13	내가 널 위해서 미팅을 주선할 수 있어. 준비됐어? 🔊	arrange 정하다(계획), 주선하다
14	학교에 데리러 갈 수 있어. (내가 널 학교에서부터 픽업할 수 있어) 🔊	pick-up 데리러 가다 (사람)
15	그거 내일 가지러 갈 수 있어요. 🔊	pick-up 가지러 가다 (물건)
16	내가 널 그 사람한테 소개해 줄 수 있어. 🔊	introduce-to 소개하다
17	너 여기 위에서 모든 것을 다 볼 수 있어. 아름답다. 🔊	
18	5분 안에 갈 수 있어. (5분 안에 거기 있을 수 있어) 조금 있다가 봐. 🔊	in a bit 조금 후/있다가
19	조용히 할 수 있어. 있게 해줘. 🔊	Let me stay. 있게 (허락) 해 줘.
20	그 앤 뭐든지 (아무거나) 살 수 있어. 부자야. 🔊	

Unit 2

Listening Practice

긍정문

☞ 들으며 이해해 보세요!
보고 영어로 말해보세요!

21	저희가 그거 오늘 저녁에 배달할 수 있어요.	
22	집에 가는 길에 살 수 있어.	
23	그 애 요리할 수 있어. 요리 잘해.	
24	내가 그거 되게 할 수 있어. 난 할 수 있어.	make-work 되게 하다, 되게 만들다
25	너도 그 애처럼 될 수 있어. (그 애 같을 수 있어)	like ~처럼, 같은
26	우리 이 게임 이길 수 있어.	
27	내가 너 그거 도와줄 수 있어.	
28	그는 날 보호해 줄 수 있어. 난 그를 믿을 수 있어.	protect 보호하다 count on 믿다
29	자세한 건 (세부사항) 이메일로 보낼 수 있어요.	
30	너의 도움 없이 처리할 수 있어. 어쨌든 고마워.	handle 처리하다

Listening Practice

부정문

☞ 들으며 이해해 보세요!
보고 영어로 말해보세요!

31	멈출 수가 없어. 힘들어.	
32	우리 둘 다 할 수는 없어. 하나만 골라.	both 둘 다
33	기다리지 못하겠어. 나 너무 신나.	
34	울음을 멈출 수가 없어. 감정적이야 (감정에 치우쳤어).	stop -ing 멈추다, 그만두다 emotional 감정적인, 감정에 치우친
35	당신 이젠 그거 바꿀 수가 없어요. 너무 늦었어요.	
36	그 애한테 말 못 하겠어. 그냥 못 해.	
37	호텔 이름이 생각이 안 나. (기억을 못 해)	
38	(너) 이걸 가질 수는 없어요. 파는 게 아니에요.	for sale 판매용, 파는 것
39	못 믿겠어. 이거 진짜야?	
40	우리 아직 속단할 수 없어. (아직 확실히 알 수가 없어)	know for sure 확실히 알다

Listening Practice

부정문

☞ 들으며 이해해 보세요!
보고 영어로 말해보세요!

41	오늘 밤엔 널 못 보겠다. 미안해.	
42	나 지금은 혼자 못 있겠어. 나와 같이 있어줄래?	
43	너 거기에 있을 수 없어.	
44	넌 날 막을 수 없어. 아무도 (그럴 수 없어).	
45	이거 못 들겠어. 너무 무거워.	lift 들다, 들어 올리다
46	난 아무 말 못 해. (아무것도 말할 수 없어)	
47	우리 아무에게도 말할 수 없어. 비밀이야.	
48	저 스페인어를 못 해요.	
49	우리 지금은 그걸 생각할 수 없어.	
50	문을 못 열겠어 (잠금을). 뭔가 잘못됐어.	unlock (잠금을) 열다

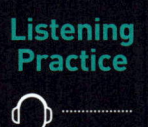

Listening Practice

부정문

☞ 들으며 이해해 보세요!
보고 영어로 말해보세요!

51	난 그 사람을 전혀 이해 못 하겠어. 🔊	
52	난 그 애한테 그럴 수 없어. (그렇게 할 수 없어) 🔊	
53	너 자신을 탓할 수는 없어. 너의 잘못이 아니야. 🔊	blame 탓하다
54	더 이상은 못 먹겠어요 너무 배가 불러요. 🔊	
55	진정할 수 없어. 🔊	calm down 진정하다
56	그 생각을 멈출 수가 없어. 내 머리에 박혔어. (내 머리에 있어) 🔊	
57	저희 오늘은 못 가요. 🔊	
58	지금 결정을 못 하겠어요. 🔊	
59	너 그걸 영원히 피할 수는 없어. 🔊	avoid 피하다
60	네가 내 싸움을 싸워줄 수 없지. 이건 내 싸움이니까. 🔊	battle 싸움, 전투

Unit 2

Listening Practice

의문문

☞ 들으며 이해해 보세요!
보고 영어로 말해보세요!

61	지금 당장 올 수 있어?	
62	이것 좀 도와줄 수 있어요?	
63	우리 언제 만날 수 있어요?	
64	널 오늘 저녁에 보고, 상의할 수 있을까?	discuss 상의하다
65	나랑 거기 갈 수 있어?	
66	중국어 할 수 있어요?	
67	가능한 한 빨리 알려줄 수 있을까요?	as soon as possible 가능한 한 빨리
68	안 들려. (그걸 들을 수 없어) 소리 좀 올려줄 수 있어?	turn-up (소리/볼륨) 올리다
69	그 애한테 그 말 해줄 수 있어?	
70	이거 언제 고칠 수 있어요?	

Listening Practice

의문문

☞ 들으며 이해해 보세요!
보고 영어로 말해보세요!

71	이따가 다시 와줄 수 있어요? 🔊	come back 다시 오다, 돌아오다
72	언제 올 수 있어요? 🔊	
73	몇 시에 거기에 올 수 있어요? (몇 시에 거기에 있을 수 있어?) 🔊	
74	얼마나 빨리 여기 올 수 있어? (얼마나 빨리 여기 있을 수 있어?) 🔊	
75	언제 시작할 수 있어요? 다음 주에 시작할 수 있나요? 🔊	
76	날 데리러 와줄 수 있어? 🔊	
77	침착할 수 있겠어? 🔊	remain calm 침착하다, 침착을 유지하다
78	내가 어떻게 이 상황에서 침착할 수 있어? 🔊	
79	이걸 어떻게 개선(향상) 할 수 있을까요? 아이디어 (아무거나) 있어? 🔊	improve 나아지다, 향상시키다
80	얼마나 빨리(곧) 제가 그걸 받을 수 있을까요? 🔊	

Listening Practice

의문문

☞ 들으며 이해해 보세요!
보고 영어로 말해보세요!

81	얼마나 오래 있을 수 있어요?	
82	저희가 어떻게 도울 수 있을까요?	
83	제가 당신을 위해 뭘 할 수 있을까요?	
84	어떻게 그렇게 말할 수 있어?	
85	나한테 솔직할 수 있어? 진실을 말해줘.	
86	내게 어떻게 거짓말을 할 수가 있어?	
87	너 나한테 어떻게 이럴 수 있어?	
88	내가 널 어떻게 다시 믿을 수가 있어?	
89	넌 대단해. 어떻게 네 게 다 감사할 수 있을까?	
90	혼자서 알아서 해줄래? 나 지금 꽤 바빠서.	figure-out 알아서 하다, 알아내다 on one's own 스스로

Just Listen - 10분에 150문장 듣기

Listening Practice

의문문

☞ 들으며 이해해 보세요!
보고 영어로 말해보세요!

91	부탁 좀 들어줄래요?	do-a favor 부탁을 들어주다
92	저희 위해서 그거 취소 좀 해주실래요?	
93	이거 어떻게 쓰는 건지 보여줄래요?	how to 어떻게 ~하는지, 방법
94	네? (뭐라고요?) 다시 말해줄래요?	Pardon? 네? 뭐라고요?
95	네? (미안) 다시 말해줄래요(반복해서)?	
96	스펠링을 말해줄래요?	spell 스펠링을 말하다
97	나 미팅 늦었어. 회사까지 태워줄래? (운전해 줄래)	
98	그거 찾는 거 도와줄래요?	
99	저희 사진 찍어줄래요?	
100	마실 것 좀 가져다줄래요?	get 가져다주다 something to drink 마실 것

Shadowing Practice

1	A: Can you come and help me? B: Yes, I can do that. A: When can you come? B: I can leave now, so I can be there in an hour. A: Thank you. I appreciate that.	I appreciate that. 정말 고마워. (감사해요)
2	A: Can you talk now? B: I'm sorry I can't now. Is it urgent? A: No, it can wait. B: How about tonight? I can call you later. A: Sounds good.	urgent 급한
3	A: Where can I get something like this? B: You can buy it in a pharmacy. A: Where is the nearest pharmacy? B: Can you see that bakery? It's next to the bakery. A: Oh, thanks. Have a good day.	something like this 이런 거 같은 것 the nearest 가장 가까운 next to 옆에
4	A: Can you deliver it tomorrow morning? B: I'm afraid we can't deliver it tomorrow morning. A: When can you deliver it then? B: Let me see. We can deliver it in two days. A: Is that this Wednesday?	
5	A: I'm sad and lonely. Can you stay with me for a while? B: I can stay here with you. A: Thank you for understanding. B: Don't mention it. I am here for you.	Don't mention it. 그런 말 마요/ 괜찮아요/ 별 말씀 을요.

can

들으면서 따라 해보세요!
읽고 이해해 보세요!

6	A: Can I see you sometime this week? B: I can see you this Thursday. How's Thursday for you? A: Sorry, This Thursday is not good for me. 　　But I am free this Friday. B: Friday it is, then. What time can we meet? A: We can meet at 7. B: Alright. See you then.	
7	A: When can you install it? B: I can install it for you right now. A: Can you really do that? B: Of course. No problem.	install 설치하다
8	A: I can't reach it. It's a bit high for me. B: Let me. I can get it for you. Is this the one? A: No, can you get me the other one? 　　Yep. That's the one.	reach (손에) 닿다 Let me. 내가 할 게.
9	A: It's so loud. Can you turn it down? B: Is this better? A: Yes, that's much better. Thanks. B: Is it heavy? A: Yes, it's very heavy. Can you give me a hand? B: Sure.	turn-down (소리/볼륨) 줄이다 give-a hand 도와주다
10	A: We can't leave yet B: Why not? A: Tim isn't ready yet. A: Is Jack there? B: He's in a meeting. Can I take a message? A: It's ok. I can call back later.	

Unit 2

Shadowing Practice

1	A: 와서 도와줄 수 있어? B: 응, 그럴 수 있어. A: 언제 올 수 있어? B: 지금 나갈 수 있으니까, 한 시간이면 거기 갈 수(있을 수) 있어. A: 고마워. 정말 고마워.	I appreciate that. 정말 고마워. (감사해요)
2	A: 지금 얘기 좀 할 수 있을까? B: 미안, 지금은 안되고. (그거) 급한 거야? A: 아니야, (그거) 기다릴 수 있어. B: 오늘 밤은 어때? 내가 이따가 전화할 수 있어. A: 좋아.	urgent 급한
3	A: 이런 거 같은 것 제가 어디서 구할 수 있을까요? B: 약국에서 살 수 있어요. A: 가장 가까운 약국이 어디예요? B: 저 빵집 보여요? 그 빵집 옆에 있어요. A: 감사해요. 좋은 하루 보내세요.	something like this 이런 거 같은 것 the nearest 가장 가까운 next to 옆에
4	A: 그거 내일 아침에 배달해 줄 수 있어요? B: 유감이지만, 내일 아침엔 배달할 수 없어요. A: 그럼 언제 배달해 줄 수 있나요? B: 보죠. 2일 안에 배달할 수 있어요 A: 그게 이번 수요일인가요?	
5	A: 난 슬프고 외로워. 나랑 잠시만 같이 있어 줄래? B: 너랑 여기 있을 수 있어. A: 이해해 줘서 고마워. B: 그런 말 마. 내가 있잖아. (널 위해 내가 여기 있어)	Don't mention it. 그런 말 마요/ 괜찮아요/ 별 말씀 을요.

can

들으면서 이해해 보세요!
영어로 바꾸어 말해보세요!

6	A: 이번 주 언젠가 널 볼 수 있을까? B: 이번 목요일에 볼 수 있어. 넌 목요일 어때? A: 미안, 이번 목요일은 안 좋고. 　　이번 금요일은 한가한데. B: 금요일, 그럼. 우리 몇 시에 만날 수 있어? A: 7시에 만날 수 있어. B: 알았어. 그때 보자.	
7	A: 이거 언제 설치해 줄 수 있어요? B: 지금 바로 설치해드릴 수 있어요. A: 정말 그럴 수 있어요? B: 물론이죠. 문제없어요.	install 설치하다
8	A: 저거 손에 안 닿아. 나한텐 좀 높아. B: 내가 할게. 내가 꺼내 줄 수 있어. 　　이거 야(이게 그거 야)? A: 아니, 다른 거 꺼내 줄래? 어, 그거 야.	reach (손에) 닿다 Let me. 내가 할 게.
9	A: 너무 시끄러워. 좀 줄여줄래? B: 이거 좀 나? A: 어, 훨씬 낫다. 고마워. B: 무거워? A: 어, 되게 무거워. 좀 도와줄래? B: 그래.	turn-down (소리/볼륨) 줄이다 give-a hand 도와주다
10	A: 우리 아직 못 나가. B: 왜? A: Tim이 아직 멀었어. (준비 안됐어) A: Jack 있나요 (거기)? B: 회의 중이에요. 메시지 받아드릴까요? A: 괜찮아요. 나중에 다시 전화할 수 있어요.	

Unit 2　　　　　　　　　　　　　　　　　　　63

Unit

3

Unit 3
하고 싶은 것과 하기 싫은 것들의 의사표시

want to (wanna)

Questions		Answers
Do you want to? [Do you wanna?]	Positive	I want to [I wanna]
		할래/하고 싶어
할래? 하고 싶어?	Negative	I don't want to [I don't wanna]
		안 할래/하기 싫어/하고 싶지 않아

영어로 해석하기 연습!

모르는 단어도 영어를 넣어서 해석하는 연습이 좋아요!
몰라도 해석이 가능하고, 뜻도 유추해 볼 수 있어요.
또한, 그 단어만 찾아보거나 물어보면 되니까 대화가 지속될 수 있어요.

예: You can purchase it now. ☞ 지금 purchase를 할 수 있어.
Can you swap seats? ☞ seats를 swap 할 수 있어요?

> 이렇게 이해합니다.

바로 뒤에 들리는 단어(동사)를 넣어 자연스럽게 연결해서 이해합니다.

의문	긍정	부정
Do you want to go now? go 가다 + 할래/하고 싶어?	I want to go now. go 가다 + 할래/하고 싶어.	I don't want to go now. go 가다 + 안 할래/하기 싫어.
(가는 걸 할래/하고 싶어?) 지금 갈래/가고 싶어?	(가는 걸 할래/하고 싶어) 지금 갈래/가고 싶어.	(가는 걸 안 할래/하고 싶어) 지금 안 갈래/안 가고 싶어.

Listening Practice

긍정문

듣고 따라 해보세요!
읽고 이해해 보세요!

Unit 3

#		
1	I want to go there with you. Can you go with me?	
2	I want to take it now.	
3	I want to know everything. Tell me everything.	
4	I want to believe that.	
5	I want to fix it today. Is it possible?	
6	I can't make a decision now. I want to think about it.	make a decision 결정하다
7	I want to take a look at it first.	take a look (at) 보다
8	I want to buy two tickets to Long Island, please.	
9	I want to travel around the world.	
10	I want to give this to you. It's a present.	

Listening Practice

긍정문

☞ 듣고 따라 해보세요!
읽고 이해해 보세요!

11	I want to wait for a friend.	
12	I want to use your phone. Mine's dead.	dead 죽은
13	We want to go camping this weekend. Do you want to come?	
14	I want to win this competition so badly.	competition 시합, 경쟁 badly 심하게, 매우, 정말
15	I want to beat him.	beat 이기다 ("때리다" 라는 뜻도 있어요)
16	I want to lose some weight. I'm on a diet.	on a diet 다이어트 중인
17	I want to try that, too.	
18	I want to have a good relationship with her.	relationship 관계
19	I want to have a quick shower and get changed.	
20	I want to lie down.	lie down 눕다

Unit 3   69

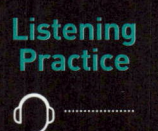

Listening Practice

긍정문

☞ 듣고 따라 해보세요!
읽고 이해해 보세요!

21	I want to apologize for my behavior earlier.	behavior 행동 earlier 아까
22	I want to thank you. I'm so grateful.	
23	I want to learn yoga. I want to take some yoga classes.	take classes 수업 받다
24	I want to spend some time with you.	spend (시간을) 보내다
25	I want to call it off.	call-off 취소/철회하다
26	I want to be alone now. Can you leave me alone?	
27	I want to be a writer.	
28	I just want to be happy.	
29	I want to be successful.	successful 성공한 (상태)
30	I want to be a billionaire. I want to be rich!	a billionaire 억만장자

Listening Practice

부정문

☞ 듣고 따라 해보세요!
읽고 이해해 보세요!

31	I don't want to buy a new one. I like this one.	
32	I don't want to throw it away. I can't do that.	throw-away 버리다
33	I don't want to see that. It's horrible.	horrible 끔찍한
34	I don't want to meet him again.	
35	I don't want to show you. In fact, I don't want to show anyone.	in fact, 사실(은),
36	I don't want to work out this evening.	
37	I don't want to lose it.	
38	I don't want to do anything. I don't feel like it.	I don't feel like it. 그럴 기분이 아니야.
39	I don't want to argue.	argue (말) 싸움/다툼하다
40	I don't want to make any mistakes. I want to be perfect.	make mistakes 실수하다

Unit 3

Listening Practice

부정문
☞ 듣고 따라 해보세요!
  읽고 이해해 보세요!

41	I don't want to force you into anything. It's your call.	force (into) 강요하다 one's call 결정
42	I don't want to accept that.	accept 받아들이다
43	I don't want to hurt your feelings.	
44	I don't want to feel like this.	
45	I don't want to disappoint anyone.	disappoint 실망시키다
46	I don't want to seem too cold.	seem ~처럼 보이다
47	I don't want to miss this opportunity.	
48	I don't want to bump into him.	bump into 마주치다
49	I don't want to listen to that anymore.	
50	I don't want to give up. That's not an option.	

Listening Practice

부정문

☞ 듣고 따라 해보세요!
읽고 이해해 보세요!

51	I don't want to stay home all day. I want to go out.	
52	I don't want to forgive him yet. I'm still mad at him.	
53	I don't want to complain, but this is not right.	
54	Oh.. I don't want to impose. It's ok.	impose 부담 주다
55	I don't want to be a burden.	a burden 짐, 부담
56	I don't want to be in the picture. Sorry.	
57	I don't want to be late.	
58	I don't want to be poor.	
59	I don't want to be angry all the time.	
60	I don't want to be here. I want to go somewhere else.	

Unit 3

Listening Practice

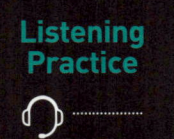

의문문

☞ 듣고 따라 해보세요!
읽고 이해해 보세요!

#		
61	Are you ready? Do you want to go now?	
62	Do you want to take a seat?	take a seat 앉다
63	Do you want to call me back in 5 minutes? I'm in a meeting.	
64	Do you want to try it on? The fitting room is over there.	try-on 입어/신어/껴/써 보다
65	Do you want to keep this?	
66	Do you want to have a look at it?	have a look (at) 보다
67	Why are you so upset? Do you want to talk about it?	
68	Do you want to go away this weekend?	
69	Do you want to beat him? I can help you.	
70	Do you want to put this on? It's cold outside.	put-on 입다/신다/끼다/쓰다

Listening Practice

의문문

☞ 듣고 따라 해보세요!
읽고 이해해 보세요!

71	What do you want to have for your birthday?	
72	What do you want to order? What do you feel like?	What do you feel like? 뭐 먹고(/하고) 싶어?
73	What do you want to ask?	
74	Which one do you want to get?	
75	Do you want to say something? What is it?	
76	What do you want to do with this?	
77	What time do you want to leave?	
78	How do you want to proceed?	proceed 진행하다
79	When do you want to pick it up?	
80	Where do you want to put this?	

Unit 3

75

Listening Practice

의문문

☞ 듣고 따라 해보세요!
읽고 이해해 보세요!

81	Why do you want to do that? Why is it so important to you?	
82	How long do you want to stay there?	
83	Who do you want to see?	
84	What do you want to tell me?	
85	Which way do you want to go?	
86	Where do you want to park?	
87	What do you want to do tomorrow?	
88	When do you want to start?	
89	Where do you want to meet?	
90	Which movie do you want to see?	

Listening Practice

의문문

☞ 듣고 따라 해브세요!
읽고 이해해 보세요!

91	Do you want to make me feel better? Can you sing for me?	
92	Why do you want to lie and cover it up? It's not right.	cover-up 덮다, 숨기다
93	Where do you want to sit?	
94	What do you want to show me?	
95	Do you want to borrow mine? I can lend it to you.	borrow 빌리다 lend 빌려주다
96	What kind of business do you want to start?	
97	Who's your role model? Why do you want to be like her?	
98	Do you want to be a leader?	
99	Where do you want to be in 5 years?	
100	Why do you want to be a movie star?	

Unit 3   77

긍정문

☞ 들으며 이해해 보세요!
보고 영어로 말해보세요!

Unit 3

1	거기에 너와 같이 갈래. 나랑 같이 가줄래?	
2	이거 지금 가져 갈래요.	
3	다 (모든 것) 알고 싶어. 다 (모두) 말해줘.	
4	그렇게 믿고 싶어.	
5	이거 오늘 고치고 싶어요. 가능한가요?	
6	지금은 결정 못 해. 생각해 보고 싶어.	make a decision 결정하다
7	그거 먼저 (한 번) 보고 싶어요.	take a look (at) 보다
8	**Long Island** 티켓 두 장을 사고 싶어요.	
9	난 세계를 여행하고 싶어.	
10	이거 너한테 주고 싶어. 선물이야.	

긍정문

☞ 들으며 이해해 보세요!
보고 영어로 말해보세요!

11	전 친구를 기다릴래요. 🔊	
12	네 전화를 쓰고 싶어. 내 것은 배터리가 없어. (죽었어) 🔊	dead 죽은
13	우리 이번 주말에 캠핑 가고 싶은데. 올래? 🔊	
14	이 시합 정말 꼭 이기고 싶어. 🔊	competition 시합, 경쟁 badly 심하게, 매우, 정말
15	난 그를 이기고 싶어. 🔊	beat 이기다 ("때리다" 라는 뜻도 있어요.)
16	살을 좀 빼고 싶어. 다이어트 중이야. 🔊	on a diet 다이어트 중인
17	나도 그거 해보고 싶어 🔊	
18	난 그녀와 좋은 관계를 가지고 싶어. 🔊	relationship 관계
19	잽싸게 샤워하고 옷 갈아입고 싶어. 🔊	
20	나 누울래. 🔊	lie down 눕다

Unit 3

긍정문

☞ 들으며 이해해 보세요!
보고 영어로 말해보세요!

21	아까 제 행동을 사과하고 싶어요.	behavior 행동 earlier 아까
22	너한테 감사하고 싶어. 난 너무 감사해.	
23	요가를 배우고 싶어요. 요가 수업을 좀 받고 싶어요.	take classes 수업받다
24	너와 시간을 좀 보내고 싶어.	spend (시간을) 보내다
25	그거 취소할래.	call-off 취소/철회하다
26	지금 혼자이고 싶어. 혼자 내버려 둬 줄래?	
27	난 작가가 되고 싶어.	
28	난 그냥 행복하고 싶어.	
29	성공하고 싶어.	successful 성공한 (상태)
30	억만장자가 되고 싶어. 부자이고 싶어!	a billionaire 억만장자

Listening Practice

부정문

☞ 들으며 이해해 보세요!
보고 영어로 말해보세요!

31	새것을 사고 싶지 않아. 난 이게 좋아.	
32	이거 안 버릴래. 그렇게 못 하겠어.	throw-away 버리다
33	그거 보고 싶지 않아. 끔찍해.	horrible 끔찍한
34	그 애 다시는 만나고 싶지 않아.	
35	너한테 안 보여줄래. 사실, 아무에게도 보여주고 싶지 않아.	in fact, 사실(은),
36	오늘 저녁에는 운동 안 할래.	
37	이거 잃어버리고 싶지 않아.	
38	아무것도 하고 싶지 않아. 그럴 기분이 아니야.	I don't feel like it. 그럴 기분이 아니야.
39	싸우고 싶지 않아.	argue (말) 싸움/다툼하다
40	아무 실수도 하고 싶지 않아. 완벽하고 싶어.	make mistakes 실수하다

부정문

☞ 들으며 이해해 보세요!
보고 영어로 말해보세요!

41	네게 아무것도 (하라고) 강요하고 싶지 않아. 너의 결정이야.	force (into) 강요하다 one's call 결정
42	그거 받아들이고 싶지 않아.	accept 받아들이다
43	너의 감정을 상하게 하고 싶지 않아.	
44	이런 기분 느끼기 싫어.	
45	아무도 실망시키고 싶지 않아.	disappoint 실망시키다
46	너무 차갑게 보이기 싫어.	seem ~처럼 보이다
47	이 기회를 놓치고 싶지 않아.	
48	그 애를 마주치기 싫어.	bump into 마주치다
49	그거 더 이상 듣기 싫어.	
50	포기하고 싶지 않아. 그럴 수 없어. (그건 선택이 아니야)	

부정문

☞ 들으며 이해해 보세요!
보고 영어로 말해보세요!

51	집에 하루 종일 있기 싫어. 나갈래.	
52	그 애 아직은 용서하고 싶지 않아. 난 그 애한테 아직도 화났어.	
53	불평하기 싫은데, 이건 맞지(/옳지) 않아.	
54	오, 부담 주고 싶지 않아요. 괜찮아요.	impose 부담 주다
55	난 짐이 되기 싫어.	a burden 짐, 부담
56	사진 찍히고 싶지 않아 (사진에 있고 싶지 않아). 미안.	
57	늦고 싶지 않아요.	
58	가난하기 싫어.	
59	항상 (매번/늘) 화내고 싶지 않아.	
60	난 여기 있기 싫어. 다른데 갈래.	

Listening Practice

의문문

☞ 들으며 이해해 보세요!
보고 영어로 말해보세요!

61	준비됐니? 지금 갈래?	
62	앉을래요?	take a seat 앉다
63	5분 있다가 다시 전화할래? 회의 중이라서.	
64	이거 입어볼래요? 탈의실은 저기에 있어요.	try-on 입어/신어/껴/써 보다
65	이거 가지고 있을래?	
66	그거 (한 번) 볼래요?	have a look (at) 보다
67	왜 이렇게 속상해해? (그거에 대해) 얘기할래?	
68	이번 주말에 놀러 갈래?	
69	그 사람 이기고 싶어? 내가 널 도와줄 수 있어.	
70	이거 입을래? 밖에 추워.	put-on 입다/신다/끼다/쓰다

Listening Practice

의문문

☞ 들으며 이해해 보세요!
보고 영어로 말하보세요!

71	생일에 뭐 갖고 싶어?	
72	뭐 주문할래요? 뭐 먹고 싶어?	What do you feel like? 뭐 먹고(/하고) 싶어?
73	뭐 물어보고 싶어?	
74	어느 걸로 살래?	
75	할 말 있니? (뭔가 말할래?) 뭔데?	
76	이거로 뭐 하고 싶어?	
77	몇 시에 나갈래요?	
78	어떻게 진행하고 싶어요?	proceed 진행하다
79	언제 찾으러 오실래요?	
80	이거 어디에 두고 싶어?	

Unit 3

의문문

☞ 들으며 이해해 보세요!
보고 영어로 말해보세요!

81	왜 그러고(그렇게 하고) 싶은데? 그게 너한테 왜 그렇게 중요해?	
82	거기서 얼마나 있고 싶어?	
83	누구 보고 싶어?	
84	나한테 무슨 말 하고 싶어?	
85	어느 길로 갈래?	
86	어디에 주차할래?	
87	내일 뭐 하고 싶어?	
88	언제 시작할래요?	
89	어디서 만날래?	
90	어느 영화 볼래?	

Listening Practice

의문문

☞ 들으며 이해해 보세요!
보고 영어로 말해보세요!

91	내 기분 낫게 해주고 싶어? 노래해 줄 수 있어?	
92	왜 거짓말하고 그걸 덮고 싶어 해? 옳지 않아.	cover-up 덮다, 숨기다
93	어디 앉을래요?	
94	나한테 뭐 보여주고 싶은데?	
95	내 거 빌릴래? 내가 너한테 빌려줄 수 있어.	borrow 빌리다 lend 빌려주다
96	어떤 종류의 사업을 시작하고 싶어요?	
97	너의 닮고 싶은 사람(역할 모델)이 누구야? 왜 그분 같고 싶어?	
98	리더가 되고 싶어?	
99	5년 후에는 어디에 있고 싶어?	
100	영화배우가 왜 되고 싶어요?	

Shadowing Practice

1	A: When do you want to come in for your check-up? B: Is it possible to make an appointment for this Friday morning? A: Let me check that for you. 　Yep, I can put you down for this Friday. B: I want to come in at 11. Is 11 ok? A: 11 is good. I'll see you this Friday morning.	check-up 검진 put-down (예약) 잡다
2	A: When can we meet to discuss our project? B: I'm available today. 　Is this afternoon convenient for you? A: Yes, this afternoon is perfect for me. 　What time do you want to meet? B: How about 3? A: Sounds great. Do you want to notify the others?	discuss 상의/논의하다 available 시간 있는 convenient (for) 편리한 notify 알리다(공고)
3	A: What do you want to do? B: I don't know. What do you want to do? A: I want to go to the movies with you. B: Ok. I want to go grocery shopping after the movies.	go to the movies 영화 보러 가다 go grocery shopping 장보러 가다
4	A: You are upset. What's up? B: I am alright. A: Do you want to talk about it? B: No, I don't. Why are you here? 　Do you want something from me? A: I just want to know about the paperwork. B: I am about to work on that. 　I can let you know when I'm done with it.	work on (작업)하다, 처리하다 I'm done. 다 했어.
5	A: I want to buy something nice for my father. B: What's the occasion? A: It's his birthday today. B: What do you want to get? A: I'm not sure yet. 　Do you want to go shopping with me?	occasion 경우, 때/행사 What's the occasion? 뭔 (특별한) 날이야? (무슨 일이야)

want to (wanna)

들으면서 따라 해보세요!
읽고 이해해 보세요!

6	A: Do you want to go camping with us this weekend? B: No, I don't want to. A: Why not? B: I don't really care for camping. It's not my thing. A: That's a shame. Camping can be so much fun. B: Thanks for the invite, though.	care for 좋아하다 It's not my thing. 내 스타일/취향 아니야. That's a shame. 안타깝다. Thanks for the invite, though. 그래도, 초대 고마워.
7	A: Can you do me a favor? B: Of course. What do you want to ask? A: I want to show you my application form. 　Can you take a look at it? B: I can do that. I can see you this evening after work. A: No, I don't want to impose. I can email it to you. B: It's no trouble at all. I want to see you anyway. A: Thanks. Dinner's on me.	do me a favor 부탁 들어주다 impose 부담 주다 on me 내가 내는/쏘는
8	A: Do you want to say something? B: I want to ask a favor. A: What is it? You can ask me anything.	ask a favor 부탁하다
9	A: What do you want to be when you graduate? B: I want to be an inventor. I like creating things. A: Wow. Sounds wonderful. B: What about you? 　What do you want to do with your life? A: I want to get a job, save up and open a little café.	graduate 졸업하다 inventor 발명가 create 만들다, 창조하다
10	A: I want to throw a housewarming party this Saturday. 　Do you want to come? B: I'd love to. Thanks for inviting me. A: I don't want to go there today. B: Why not? You like that place. A: I don't want to bump into Jimmy. 　I want to go somewhere else.	throw a party 파티를 하다/ 열다 (주최) bump into 마주치다

Unit 3

Shadowing Practice

1	A: 검진하러 언제 오실래요? B: 이번 금요일 오전으로 예약하는 게 가능한가요? A: 체크해 드릴게요. 　네, 이번 금요일로 잡아드릴 수 있어요. B: 11시에 오고 싶어요. 11시 괜찮아요? A: 11시 좋아요. 이번 금요일 오전에 뵐게요.	check-up 검진 put-down (예약) 잡다
2	A: 저희의 프로젝트를 언제 만나서 상의할 수 있을까요? (상의하러 만날 수 있어요) B: 전 오늘 시간 있어요. 오늘 오후가 편리하신 가요? A: 네, 오늘 오후가 제게는 좋아요(완벽). 　몇 시에 만나고 싶어요? B: 3시 어때요? A: 좋네요. 다른 분들에게도 알리실래요(직접)?	discuss 상의/논의하다 available 시간 있는 convenient (for) 편리한 notify 알리다(공고)
3	A: 뭐 하고 싶어? B: 몰라. 넌 뭐하고 싶어? A: 너 랑 영화 보러 가고 싶어. B: 그래. 영화 보고(후에) 장 보러 갈래.	go to the movies 영화 보러 가다 go grocery shopping 장보러 가다
4	A: 너 속상 해하네. 무슨 일이야? B: 난 괜찮아. A: 얘기할래? B: 아니. 여긴 웬일이야? (왜 여기 있어?) 　나한테 뭐 원하는 거 있어? (뭔가 원하니?) A: 그냥 그 서류에 대해서 알고 싶어서. B: 그거 막 작업하려고 해. 　다 하면 내가 알려줄 수 있어.	work on (작업)하다, 처리하다 I'm done. 다 했어.
5	A: 우리 아빠를 위해 뭔가 좋은 것을 사고 싶어. B: 뭔 날이야? (경우가 뭐야) A: 오늘이 생신이셔. B: 뭐 사고 싶은데? A: 아직 모르겠어. 나랑 쇼핑 갈래?	occasion 경우, 때/행사 What's the occasion? 뭔 (특별한) 날이야? (무슨 일이야)

want to (wanna)

들으면서 이해해 보세요!
영어로 바꾸어 말해보세요!

6	A: 우리랑 이번 주말에 캠핑 갈래? B: 아니, 안 그러고 싶어. A: 왜? B: 난 캠핑 안 좋아해. 내 스타일이 아니야. A: 안타깝다. 캠핑은 정말 재미있을 수 있는데. B: 그래도, 초대 고마워.	care for 좋아하다 It's not my thing. 내 스타일/취향 아니야. That's a shame. 안타깝다. Thanks for the invite, though. 그래도, 초대 고마워.
7	A: 부탁 좀 들어줄래? B: 물론이지. 뭐 부탁하고 싶어? A: 너한테 내 신청서를 보여주고 싶어. 봐줄 수 있어? B: 그럴 수 있지. 일 끝나고 (후에) 너 볼 수 있어. A: 아니야. 부담 주고 싶지 않아. 이메일 보낼 수 있어. B: 전혀 문제 아니야. 어차피 너도 보고 싶어. A: 고마워. 저녁 내가 쏠게.	do me a favor 부탁 들어주다 impose 부담 주다 on me 내가 내는/쏘는
8	A: 뭐 할 말 있어? (뭔가 말하고 싶어?) B: 부탁하고 싶어서. A: 뭔데? 아무거나 부탁해도 돼. (부탁할 수 있어)	ask a favor 부탁하다
9	A: 졸업하면 뭐가 되고 싶어? B: 발명가가 되고 싶어. 난 (물건들을) 만들어내는 것을 좋아해. A: 와. 멋지다. B: 너는? 넌 뭘 하고 싶어(네 인생으로)? A: 난 직업을 구하고, 돈을 모아서, 작은 카페를 열고 싶어.	graduate 졸업하다 inventor 발명가 create 만들다, 창조하다
10	A: 이번 토요일에 집들이 파티를 하고 싶은데. 올래? B: 좋아(그러고 싶어). 초대해 줘서 고마워. A: 오늘은 거기 가고 싶지 않아. B: 왜? 너 그곳 좋아하잖아. A: Jimmy를 마주치기 싫어. 다른 데 갈래?	throw a party 파티를 하다/ 열다 (주최) bump into 마주치다

Unit

Unit 4

해도 되는 것과 하면 안 되는 허락들

can

Questions	Answers	
Can I?	Positive	You can
		해도 돼
해도 돼? 해도 되나요? (허락)	Negative	You can't
		하면 안 돼

들리는 대로 바로 이해하기 연습!

문장이 끝날 때까지 기다려 해석하지 말고, 들리는 대로 바로 이해하는 연습이 좋아요.
'듣기 연습'은 나와 상관없는 정보라 다 듣고 나면 금방 까먹기도 하고,
영어는 중요한 것부터 궁금한 순서대로 말을 해서 들으면서 이해하는 연습이 좋아요!

예: You can achieve whatever you want in life.

☞ 넌 achieve 할 수 있어/ (뭘?) 뭐든 네가 원하는 것을/ (어디 혹은 언제?) life에서.

☞ 넌 할 수 있어 / (뭘?) achieve를 / (뭘 achieve?) 뭐든지 / 네가 원하는 것 / 인생에서.

> 이렇게 이해합니다.

바로 뒤에 들리는 단어(동사)를 넣어 자연스럽게 연결해서 이해합니다.

의문	긍정	부정
Can I go now? go 가다 + 해도 돼?	You can go now. go 가다 + 해도 돼.	You can't go now. go 가다 + 하면 안 돼.
(가는 걸 해도 돼?) 지금 가도 돼?	(가는 걸 해도 돼) 지금 가도 돼.	(가는 걸 하면 안 돼) 지금 가면 안 돼.

긍정문

☞ 듣고 따라 해보세요!
　 읽고 이해해 보세요!

Unit 4

1	You can pick anything.	
2	You can sit here if you want.	
3	You can try that on.	
4	You can try mine. This is delicious.	
5	You can come by any time.	
6	You can have it. I don't mind.	I don't mind. 난 괜찮아 (신경 안 쓰여).
7	You can tell me anything.	
8	You can call me any time.	
9	You can ask him anything. He can answer all your questions.	
10	You can use mine.	

Listening Practice

긍정문

☞ 듣고 따라 해보세요!
읽고 이해해 보세요!

11	You can borrow it and give it back tomorrow.	
12	You can take two.	
13	You can use this service for free.	
14	You can go now. Thanks for your time.	
15	We can invite him if you want.	
16	You can drive if that's what you want.	what you want 네가 원하는 것
17	You can have whatever you want.	whatever you want 네가 원하는 모든 것/ 뭐든지
18	You can do whatever you want.	
19	We can go wherever you want to go.	wherever 어디든지
20	You can stay as long as you want. No worries.	as long as ~하는 한/만큼

Listening Practice

긍정문

☞ 듣고 따라 해보세요!
읽고 이해해 보세요!

21	You can call us and reschedule.	reschedule 스케줄 재조정하다
22	You can count on me. I can finish it by today.	
23	You can take a sip.	take a sip 한 모금 마시다
24	You can buy whatever you want. It's my treat.	It's my treat. 내가 쏠게. (내가 한턱낼게)
25	You can order anything you want. It's on me.	It's on me. 내가 쏠게.
26	You can wait here or you can come back later.	
27	You can take that. I can give it to you.	
28	You can write it down.	
29	You can relax. Everything's fine.	
30	You can take a photo but you can't take a video.	

Listening Practice

부정문

☞ 듣고 따라 해보세요!
읽고 이해해 보세요!

31	You can't change it now. It's too late.	
32	You can't eat anything here.	
33	You can't stop here.	
34	You can't run here. It's slippery.	slippery 미끄러운
35	You can't put it here	
36	We can't sit there. It's reserved.	
37	You can't do that.	
38	You can't cheat.	cheat 속이다
39	You can't lie to me. I want to know the truth.	
40	You can't order now. The kitchen is closed.	

Listening Practice

부정문

☞ 듣고 따라 해보세요!
읽고 이해해 보세요!

41	I'm afraid, you can't cancel it now.	
42	You can't show it to anyone. Can you promise me?	
43	You can't tell anyone about this. It's a secret.	
44	You can't jaywalk. It's against the law.	jaywalk 무단횡단하다 against the law 법에 저촉되는
45	You can't do that. It's illegal.	illegal 불법인
46	You can't trust him. He's a liar.	
47	You can't do a U-turn here.	
48	You can't treat him like a baby. He's not a child anymore.	treat (사람) 대하다
49	You can't open your eyes yet.	
50	You can't look yet. No peeping!	No peeping! (몰래) 보기 없기!

Listening Practice

부정문

☞ 듣고 따라 해보세요!
읽고 이해해 보세요!

51	You can't touch anything.	
52	We can't let that happen again.	let-happen 일이 생기게 두다
53	You can't drink and drive. It's a crime.	drink and drive 음주운전하다 crime 범죄
54	You can't use that here. It's not big enough.	
55	You can't blame him. It isn't his fault.	
56	I can't mess this up. This is my last chance.	mess-up 망치다
57	You can't smoke here. It's a smoke free building.	
58	We can't judge a book by its cover.	judge a book by its cover 겉만 보고 판단하다
59	You can't throw that away. I want to keep that.	
60	We can't be late this time. I want to leave early.	

Listening Practice

의문문

☞ 듣고 따라 해보세요!
읽고 이해해 보세요!

61	Can I ask something personal?	personal 개인적인, 사적인
62	Can I try them on? Where's the fitting room?	
63	Can I pick two?	
64	Can I borrow a pen?	
65	Can I use your bathroom?	
66	Can I say something? I don't think it's a good idea.	
67	Can I sit here next to you?	next to 옆에
68	Can we go now? I want to leave now.	
69	Can I have this? I want to have it.	
70	Can I park here?	

Listening Practice

의문문

☞ 듣고 따라 해보세요!
읽고 이해해 보세요!

71	What's that? Can I have a look?	
72	Can I see that? Show it to me.	
73	Can we change the subject? I don't want to talk about that.	change the subject 주제를 바꾸다
74	Can I talk to you for a minute?	
75	Can I have a word with you?	have a word 말/이야기하다
76	Can I put my stuff here for a while? My room isn't ready yet.	stuff 물건
77	Can I speak to Jimmy, please?	
78	Can I ask you something?	
79	Can I take this chair?	
80	Can I be honest with you? Do you really want to know?	

Unit 4   103

Listening Practice

의문문

☞ 듣고 따라 해보세요!
읽고 이해해 보세요!

81	Can I take this call? It's my mother.	take this call 이 전화받다
82	Can I call you back? I'm in the middle of something.	
83	Can I do that later?	
84	I'm not sure yet. Can I let you know tomorrow?	let-know 알려주다
85	Can we take a break?	take a break 쉬다
86	Can I take a picture of it?	
87	Can I friend you on Facebook?	friend 친구 신청하다
88	Can I change my reservation?	
89	Can I bring my friend?	
90	Can I get a ride with you?	get a ride (차) 타다

Listening Practice

의문문

☞ 듣고 따라 해보세요!
읽고 이해해 보세요!

91	Can I have a cappuccino, please?	
92	Can I have a vanilla latte, please?	
93	Can I have an americano, please?	
94	Can I have an espresso for here, please?	for here 여기서 먹을/마실
95	Can I have a latte to go, please?	to go 가져갈/테이크 아웃
96	Can I have two iced americanos, please?	
97	Can I have a Big Mac combo meal, please?	
98	Can I have the check, please?	
99	Can I get a refill?	
100	Can I have two tickets?	

Unit 4   105

긍정문

☞ 들으며 이해해 보세요!
보고 영어로 말해보세요!

Unit 4

#	한국어	영어
1	아무거나 골라도 돼.	
2	여기 앉아도 돼요 당신이 원하면.	
3	그거 입어봐도 돼요.	
4	내 거 먹어봐도 돼. 맛있어.	
5	아무 때나 들리셔도 돼요.	
6	그거 가져도 돼. 난 괜찮아 (신경 안 쓰여).	I don't mind. 난 괜찮아 (신경 안 쓰여).
7	나한테 아무거나 (다) 말해도 돼.	
8	아무 때나 전화하셔도 돼요.	
9	그 애한테 뭐든지 (아무거나) 물어봐도 돼. 너의 모든 질문을 대답해 줄 수 있어.	
10	내 거 써도 돼.	

Listening Practice

긍정문

☞ 들으며 이해해 보세요!
보고 영어로 말해보세요!

11	이거 빌려서 내일 돌려줘도 돼요.	
12	두 개 가져가셔도 돼요.	
13	이 서비스를 무료로 사용해도 됩니다.	
14	지금 가셔도 돼요. 당신의 시간 고마워요.	
15	네가 원하면 우리 그 대 초대해도 돼.	
16	네가 운전해도 돼 그게 네가 원하는 것이라면.	what you want 네가 원하는 것
17	네가 원하는 거 다(뭐든지) 가져도 돼.	whatever you want 네가 원하는 모든 것/ 뭐든지
18	네가 원하는 거 다(뭐든지) 해도 돼.	
19	우리는 네가 가고 싶어 하는 어디든지 가도 돼.	wherever 어디든지
20	네가 원하는 만큼(오래) 있어도 돼. 걱정 마.	as long as ~하는 한/만큼

Listening Practice

긍정문

☞ 들으며 이해해 보세요!
보고 영어로 말해보세요!

21	저희에게 전화 주셔서 스케줄 재조정하셔도 돼요.	reschedule 스케줄 재조정하다
22	날 믿어도 돼. 오늘까지 다할 수 (끝낼 수) 있어.	
23	한 모금 마셔도 돼.	take a sip 한 모금 마시다
24	네가 원하는 뭐든지 사도 돼. 내가 쏠게.	It's my treat. 내가 쏠게. (내가 한턱낼게)
25	네가 원하는 거 아무거나 주문해도 돼. 내가 낼 게.	It's on me. 내가 쏠게.
26	여기서 기다려도 되고, 이따가 다시 와도 돼요.	
27	그거 가져가도 돼. 줄 수 있어.	
28	그거 적어도 돼요.	
29	긴장 풀어도 (안심해도) 돼. 다 (모든 것이) 괜찮아.	
30	사진은 찍어도 되지만, 동영상은 안돼요.	

Listening Practice

부정문

☞ 들으며 이해해 보세요!
보고 영어로 말해보세요!

31	지금은 바꾸면 안 돼. 너무 늦었어.	
32	여기에서 아무것도 먹으면 안 돼요.	
33	여기서 멈추면 안 돼.	
34	여기서 뛰면 안 돼요. 미끄러워요.	slippery 미끄러운
35	이거 여기다 놓으시면 안 됩니다.	
36	우리 저기에 앉으면 안 돼. 예약석이야.	
37	그러면 안 돼.	
38	속이면 안 돼. (속임수 쓰면 안 돼)	cheat 속이다
39	나한테 거짓말하면 안 돼. 난 진실을 알고 싶어.	
40	지금은 주문을 하면 안 돼요. 주방이 닫았어요.	

Listening Practice

부정문

☞ 들으며 이해해 보세요!
보고 영어로 말해보세요!

41	유감이지만, 지금은 그걸 취소할 수 없어요.	
42	이거 아무에게도 보여주면 안 돼. 약속해 줄 수 있어?	
43	이거에 대해서 아무에게도 말하면 안 돼. 비밀이야.	
44	무단횡단하면 안 돼. 법 위반이야.	jaywalk 무단횡단하다 against the law 법에 저촉되는
45	그러면 안 돼. (그렇게 하면 안 돼) **불법이야.**	illegal 불법인
46	그 사람 믿으면 안 돼. 거짓말쟁이야.	
47	여기서 유턴하면 안 돼.	
48	그 애를 아기처럼 대하면 안 돼. 더 이상 아이가 아니야.	treat (사람) 대하다
49	아직 눈 뜨면 안 돼.	
50	아직 보면 안 돼. (몰래) 보기 없기!	No peeping! (몰래) 보기 없기!

Listening Practice

부정문

☞ 들으며 이해해 보세요!
보고 영어로 말해보세요!

51	아무것도 만지면 안 돼요.	
52	우리 그런 일이 다시는 생기게 해서는 안 돼.	let-happen 일이 생기게 두다
53	음주운전하면 안 됩니다. 범죄입니다.	drink and drive 음주운전하다 crime 범죄
54	그거 여기다 쓰면 안 돼. 충분히 크지 않아.	
55	그 사람을 탓하면 안 돼. 그 애의 잘못이 아니야.	
56	나 이거 망치면 안 돼. 이게 내 마지막 기회야.	mess-up 망치다
57	여기서 담배 피우시면 안 됩니다. 금연 빌딩이에요.	
58	우리는 겉만 보고 판단하면 안 돼.	judge a book by its cover 겉만 보고 판단하다
59	너 그거 버리면 안 돼. 나 그거 가지고 있고 싶어.	
60	우리 이번에는 늦으면 안 돼. 나 일찍 나가고 싶어.	

Listening Practice

의문문

☞ 들으며 이해해 보세요!
보고 영어로 말해보세요!

61	(뭐) 개인적인 거 물어봐도 되나요?	personal 개인적인, 사적인
62	그것들 입어봐도 될까요? 탈의실이 어디 있죠?	
63	두 개 골라도 돼?	
64	펜을 빌려도 될까요?	
65	당신의 화장실을 사용해도 되나요?	
66	내가 뭔가 말해도 돼? 난 그게 좋은 생각 같지 않아.	
67	여기 네 옆에 앉아도 돼?	next to 옆에
68	우리 지금 가도 될까? 나 지금 나가고 싶어.	
69	저 이거 가져도 되나요? 갖고 싶어.	
70	여기에 주차해도 되나요?	

Listening Practice

의문문

☞ 들으며 이해해 보세요!
보고 영어로 말해보세요!

71	그게 뭐야? 봐도 돼?	
72	그거 봐도 돼? 보여줘 봐.	
73	다른 얘기 해도 될까 (화제를 바꿔도)? 그건 얘기하고 싶지 않아.	change the subject 주제를 바꾸다
74	너와 잠깐 얘기할 수 있을까?	
75	너 와 얘기 좀 할 수 있을까?	have a word 말/이야기하다
76	여기에 제 물건 좀 잠시 둬도 되나요? 제 방이 아직 준비가 안 되어 서요.	stuff 물건
77	Jimmy 좀 바꿔 줄래요? (Jimmy 와 통화/얘기할 수 있을까요)	
78	너한테 뭔가 물어봐도 돼?	
79	이 의자 가져가도 될까요?	
80	나 솔직해도 돼? 정말 알고 싶어?	

Unit 4

의문문

☞ 들으며 이해해 보세요!
보고 영어로 말해보세요!

81	이 전화받아도 될까? 엄마야.	take this call 이 전화받다
82	내가 전화 다시 해도 돼? 뭐 하던 중이라서 (뭔가의 중간이라서).	
83	그거 나중에 해도 돼?	
84	아직 확실히 모르겠어. (아직 확실히 않아) 내일 알려줘도 돼?	let-know 알려주다
85	저희 쉬어도 될까요?	take a break 쉬다
86	이거 사진 찍어도 되나요?	
87	페이스북 친구 신청해도 돼?	friend 친구 신청하다
88	제 예약을 변경해도 되나요?	
89	제 친구를 데려와도 됩니까?	
90	네 차 타고 가도 돼? (너와 타도 돼?)	get a ride (차) 타다

Listening Practice

의문문

☞ 들으며 이해해 보세요!
보고 영어로 말해보세요!

91	카푸치노 주세요.	
92	바닐라 라테 주세요.	
93	아메리카노 주세요.	
94	(여기서 마시고 갈) 에스프레소 주세요.	for here 여기서 먹을/마실
95	(테이크 아웃) 라테 주세요.	to go 가져갈/테이크 아웃
96	아이스 아메리카노 둘 주세요.	
97	빅 맥 세트 하나 주세요.	
98	계산서 주세요.	
99	리필 해 주세요.	
100	티켓 두 장 주세요.	

Shadowing Practice

1	A: My hands are full. Can you open the door for me? B: Certainly. Here we go. A: Thanks. It's very kind of you. B: I'm happy to help.	Certainly. 물론이죠.
2	A: Can I ask a favor? B: It depends. What is it? A: Can I leave 5 minutes early today? B: Alright. Is that all? A: Yes, that's all. Thank you.	It depends. (들어) 봐서.
3	A: Can I borrow your iPad? B: What for? A: I want to watch YouTube. B: OK. You can borrow it and give it back to me later. A: Thanks a lot.	
4	A: Can you close your eyes? I have a surprise for you. B: What are you doing? I'm curious. A: You can't open your eyes yet. B: Is it a gift for me? A: Yes. You can't look yet. No peeping!	curious 궁금한 No peeping! 몰래 (훔쳐) 보기 없기!

5	A: I don't want to go home now.
	    Can I stay here with you?
	B: Of course, you can.
	A: Thank you. Nobody's home now.
	    I don't want to be alone today.
	B: You are welcome to stay as long as you want.
		as long as you want
		원하는 만큼 (오래)

can

들으면서 따라 해보세요!
읽고 이해해 보세요!

6	A: Can I have an americano, please? B: Do you want a Tall or Grande? A: I want to get a Grande, please. B: Is that for here or to go? A: To go. Can I use this coupon? B: Let me see. Yes, you can use this coupon. 　　What's your name? A: Sarah. S-a-r-a-h.	미국에서는 컵에 이름을 적어서 주문이 들어가고, 그 이름을 부르면 픽업하는 방식이에요.
7	A: I want to discuss something with you. 　　Can we go somewhere? B: Yes, we can. Where do you want to go? A: We can go wherever you want to go. B: Can we go to the café downstairs? A: Sure. B: What do you feel like? A: Hmm. I feel like a nice strawberry smoothie. B: I'm in the mood for something sweet. 　　I want to get a vanilla latte. B: So, what can I do for you? A: I want to get some advice.	in the mood for ~기분/땡기는 feel like ~기분이다/땡기다 get advice 조언 구하다/받다
8	A: Can you stay for dinner? B: Oh, I don't want to impose. A: It's not an imposition. 　　Can you help me move this? I can't lift it alone. B: Where do you want to put it?	stay for dinner 저녁 먹고 가다 imposition 부담/짐 lift 들다(들어올리다)
9	A: I feel bad. It's all my fault. B: You can't blame yourself. It's not your fault. A: Thanks for saying that.	I feel bad. 기분 엉망이야/ 기분 안 좋아.

Unit 4

Shadowing Practice

1	A: 내 손이 꽉 찼어요. 문 좀 열어줄 수 있어요? B: 물론이죠. 여기요. A: 고마워요. 친절하세요. B: 도와서 제가 기뻐요.	Certainly. 물론이죠.
2	A: 부탁을 해도 될까? B: (들어) 봐서. 뭔데? A: 오늘 5분 일찍 나가도 될까? B: 그래. 그게 다야? A: 응, 그게 다야. 고마워.	It depends. (들어) 봐서.
3	A: 너의 아이패드 빌려도 돼? B: 뭐 하러? (무엇을 위해?) A: 유튜브 보고 싶어서. B: 알았어. 빌려서 나중에 돌려주면(줘도) 돼. A: 정말 고마워.	
4	A: 눈 좀 감아줄래? 널 위한 서프라이즈가 있어. B: 뭐 하는 거야? 궁금해. A: 눈 아직 뜨면 안 돼. B: 내 선물이야? (날 위한 선물이야?) A: 그래. 아직 보면 안 돼. 몰래 보기 없기!	curious 궁금한 No peeping! 몰래 (훔쳐) 보기 없기!
5	A: 지금 집에 가기 싫어. 　나 여기 너랑 있어도 될까? B: 물론이지, 그래도 돼. A: 고마워. 집에 아무도 없어. (아무도 집에 없어) 　오늘은 혼자이고 싶지 않아. B: 네가 원하는 만큼 (오래) 있어도 돼. (환영해)	as long as you want 원하는 만큼 (오래)

can
들으면서 이해해 보세요!
영어로 바꾸어 말해보세요!

6	A: 아메리카노 주세요. B: 톨 줄까요 아님 그란데? (원해요) A: 그란데 할래요. B: 여기서 드시고 가나요 아님 테이크 아웃? A: 테이크 아웃이요. 이 쿠폰 사용해도 되나요? B: 볼게요. 네, 이 쿠폰 사용할 수 있어요. 　성함이 뭐죠? A: Sarah. S-a-r-a-h.	미국에서는 컵에 이름을 적어서 주문이 들어가고, 그 이름을 부르면 픽업하는 방식이에요.
7	A: 너랑 뭔가 상의하고 싶어. 우리 어디 (어딘가) 갈 수 있을까? B: 응, 어디로 갈래? A: 네가 가고 싶은 어디든 가도 돼. B: 우리 아래층에 카페 가도 될까? A: 그럼. B: 뭐 마실래? (뭐가 당겨?) A: 음. 난 맛있는 딸기 스무디가 당겨. B: 난 뭔가 달달한 게 당기는데. 　난 바닐라 라테로 할러. B: 그래서, 내가 널 위해 뭘 해줄까? (할 수 있어) A: 조언을 구하고 싶어서.	in the mood for ~기분/당기는 feel like ~기분이다/당기다 get advice 조언 구하다/받다
8	A: 저녁 먹고 갈 수 있어? B: 어, 부담 주고 싶지 않은데. A: 부담 아니야. 　이거 옮기는 거 도와줄래? 혼자 못 들겠어. B: 어디에 두고 싶은데?	stay for dinner 저녁 먹고 가다 imposition 부담/짐 lift 들다 (들어 올리다)
9	A: 기분이 엉망이야. 다 내 잘못이야. B: 너 자신을 탓하면 안 돼. 네 잘못이 아니야. A: 그렇게 말해줘서 고마워.	I feel bad. 기분 엉망이야/ 기분 안 좋아.

Unit

5

Unit 5

할게와 안 할게의 약속과 제안들

will & shall

Questions	Answers	
Shall I/we?	Positive	I will [I'll]
		할게 (약속)
할까? (제안)	Negative	I won't
		안 할게

이렇게 이해합니다.

바로 뒤에 들리는 단어(동사)를 넣어 자연스럽게 연결해서 이해합니다.

의문	긍정	부정
Shall we go now? go 가다 + 할까?	I will go now. go 가다 + 할게.	I won't go now. go 가다 + 안 할게.
(가는 걸 할까?) 지금 갈까?	(가는 걸 할게) 지금 갈게.	(가는 걸 안 할게) 지금 안 갈게.

Listening Practice

긍정문

☞ 듣고 따라 해보세요!
읽고 이해해 보세요!

Unit 5

1	I will do it.	
2	I will remind you later. No worries.	remind 다시 말해주다, 상기시키다
3	I'm so sorry. I will make it up to you.	make it up to 보상하다
4	I will call you back in 5 minutes.	
5	I will ask him for you.	
6	I will lend that to you. You can borrow it.	
7	I will wait here for you.	
8	I will clean it up.	
9	I will change it.	
10	I will keep you posted.	keep-posted (진행 상황) 계속 알려주다

Listening Practice

긍정문

☞ 듣고 따라 해보세요!
읽고 이해해 보세요!

11	I'll get it. It's my friend Tim.	
12	I'll let you know as soon as I can.	as soon as ~하자마자, 하는 대로
13	I'll stay if you want.	
14	I'll call you when I see him.	when ~하면/때
15	I'll ask her when I see her.	
16	Can you stay here? I'll be back soon.	
17	I'll believe it when I see it.	
18	I'll text you before I leave.	before ~전에
19	I'll help you with that.	
20	I'll give you a ring when I get home.	give - a ring 전화하다

Unit 5

Listening Practice

긍정문

☞ 듣고 따라 해보세요!
읽고 이해해 보세요!

21	I'll do whatever I can.	
22	I'll do everything I can do to protect you.	protect 보호하다
23	I'll be here until you come back.	until ~(할 때)까지
24	I'll be strong. I can do this.	
25	I'll stop if you stop.	
26	I'll give you my word.	give-my word (꼭) 약속하다, 맹세하다
27	I'll tell everyone if you do that.	
28	I'll be careful.	
29	I'll be here when you wake up.	
30	I'll take care of it.	take care of 처리하다

Listening Practice

긍정문

☞ 듣고 따라 해보세요!
읽고 이해해 보세요!

#		
31	I'll update my profile now.	
32	We'll know when the time comes.	when the time comes 때가 되면, 그 시간이 오면
33	Just leave it. I'll do it after I finish this.	
34	I'll wait. I'll be patient.	patient 참는, 기다리는
35	I'll support your decision.	
36	I'll cook tonight. Can you come home as soon as you finish work?	
37	I'll drive you there.	
38	I'm exhausted. I'll just take a nap.	take a nap 낮잠 자다
39	I'll pass that on to him when I see him.	pass 전해주다
40	I'll friend you on Facebook.	

Unit 5

Listening Practice

긍정문

☞ 듣고 따라 해보세요!
읽고 이해해 보세요!

41	I'll give you a ride.	give-a ride 태워주다
42	I'll get used to it soon. Don't worry about that.	get used to 적응하다
43	What the hell. I'll give it a shot.	What the hell. 에라 모르겠다. give it a shot 해보다
44	I'll get over it.	get over 이겨내다, 잊다, 극복하다
45	I'll get something to drink.	
46	I'll keep that in mind. Thanks.	keep-in mind 명심하다, 기억하다
47	We'll do our best.	
48	I'll walk you to the door.	walk-to the door 문까지 배웅하다
49	I'll get it myself! I'll do it.	
50	Come on! We'll be as quiet as a mouse. I promise.	Come on! 제발! as ~ as ~처럼 ~한

Listening Practice

부정문

☞ 듣고 따라 해보세요!
   읽고 이해해 보세요!

51	I won't forget it. Thank you so much.	
52	Ok. I won't laugh.	
53	I won't go anywhere. Be back soon.	
54	I won't tell on you. I promise.	tell on 이르다, 고자질하다
55	I won't tell anyone. My lips are sealed.	My lips are sealed. 난 입 닫았어. (입 다물게)
56	I won't say anything. Cross my heart and hope to die.	Cross my heart and hope to die. 맹세해.
57	I won't let you down. You can count on me.	let-down 실망시키다
58	I won't give up. I'll keep going.	keep going 계속하다
59	I won't quit. I'm not a quitter.	quitter 포기하는 사람, 자포자
60	I won't bother you again. This is the last time.	bother 귀찮게 하다

Listening Practice

부정문

☞ 듣고 따라 해보세요!
  읽고 이해해 보세요!

61	I won't make fun of her.	make fun of 놀리다
62	I won't ask you again. Are you really sure?	
63	I won't get angry. You can tell me the truth.	
64	I won't stand in your way.	stand in one's way 방해하다, 막다
65	I won't stop you. Do whatever you want.	
66	I won't give it to anybody.	
67	I won't stay long.	
68	I won't let that happen. I promise you.	
69	I won't be late. I'll be on time.	
70	I won't be disappointed. You can be honest with me.	disappointed 실망한

Listening Practice

부정문

☞ 듣고 따라 해보세요!
읽고 이해해 보세요!

71	We won't start without you.	
72	I won't lie to you. The situation is bad.	
73	We won't leave until you come here.	
74	Do whatever you want. No one will believe you anyway.	
75	I won't mess it up this time. I will do everything I can.	
76	I won't do that if you are not comfortable with it.	
77	My apologies. It won't happen again.	My apologies. 사과드려요.
78	It won't take long.	take long 오래 걸리다
79	This won't take up too much of your time.	take up one's time 시간을 뺏다
80	It won't be long. It'll be ready in 10 minutes.	

Unit 5

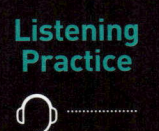

Listening Practice

의문문

☞ 듣고 따라 해보세요!
읽고 이해해 보세요!

81	I'm ready to go. Shall we leave now?	
82	Do you want to watch it? Shall I leave it on?	leave-on 켜 두다
83	Shall we have a party?	
84	Shall we go for a walk?	
85	Shall we go to the movies tonight?	
86	Can you hear it? Shall I turn it up?	
87	It's loud. I can't hear you. Shall we turn this down?	
88	Shall we call him and ask?	
89	Shall we go camping this weekend?	
90	Shall I go and get it now?	

Listening Practice

의문문

☞ 듣고 따라 해보세요!
읽고 이해해 보세요!

91	What shall we do? What do you feel like doing?	What do you feel like doing? 뭐 하고 싶어? 뭐가 당겨?
92	What shall we do with this? What's this anyway?	
93	Where shall we go?	
94	What shall we have for dinner? What do you feel like?	What do you feel like? 뭐 먹고/하고 싶어? 뭐 당겨?
95	Which one shall we get?	
96	What shall I buy?	
97	What shall I bring?	
98	What shall I wear?	
99	When shall we tell him?	
100	I don't know what to do. What shall I do?	what to do 뭐 할지

Unit 5

133

Listening Practice

긍정문

☞ 들으며 이해해 보세요!
보고 영어로 말해보세요!

Unit 5

1	제가 할게요.	
2	이따가 (기억나게) 다시 말해줄게. 걱정 마.	remind 다시 말해주다, 상기시키다
3	정말 죄송해요. 제가 보상할게요.	make it up to you 보상하다
4	5분 있다가 전화 다시 할게.	
5	널 위해 그 애한테 부탁해볼게.	
6	내가 너한테 그거 빌려줄게. 빌려도 돼.	
7	여기서 널 기다릴게.	
8	제가 치울게요.	
9	그거 변경할게.	
10	(어떻게 되는지) 계속 알려줄게.	keep-posted (진행 상황) 계속 알려주다

Listening Practice

긍정문

들으며 이해해 보세요!
보고 영어로 말해보세요!

11	내가 받을게. 내 친구 Tim이야.	
12	최대한 빨리(내가 할 수 있는 대로) 알려줄게.	as soon as ~하자마자, 하는 대로
13	네가 원하면 있을게.	
14	내가 그 애 보면 너한테 전화할게.	when ~하면/때
15	내가 그 애 보면 그 애한테 물어볼게.	
16	여기 있어줄래? 금방 돌아올게.	
17	내가 그거 보면 믿을게.	
18	나가기 전에 문자할게.	before ~전에
19	내가 그거 도와줄게.	
20	집에 가면 전화할게.	give – a ring 전화하다

Listening Practice

긍정문

☞ 들으며 이해해 보세요!
보고 영어로 말해보세요!

#	한국어	영어
21	내가 할 수 있는 거 다 (뭐든지) 할게.	
22	널 보호할 내가 할 수 있는 모든 것을 다 할게.	protect 보호하다
23	너 돌아올 때까지 여기 있을게.	until ~(할 때)까지
24	강해 질게. 이거 할 수 있어.	
25	네가 그만하면 나(도) 그만할게.	
26	약속할게.	give-my word (꼭) 약속하다, 맹세하다
27	너 그러면 (그렇게 하면), 모두에게 말할 거야.	
28	조심할게.	
29	너 깨면 내가 여기 있을게.	
30	내가 처리할게.	take care of 처리하다

긍정문

☞ 들으며 이해해 보세요!
보고 영어로 말해보세요!

31	지금 제 프로필 업데이트할게요.	
32	때가 되면 알게 될 거야.	when the time comes 때가 되면, 그 시간이 오면
33	그거 그냥 둬. 이거 다 한 후에 내가 할게.	
34	기다릴게. 참을게.	patient 참는, 기다리는
35	너의 결정을 지지할게.	
36	오늘 밤에 내가 요리할게. 일 끝나자마자 집에 올 수 있어?	
37	거기 내가 데려다줄게 (운전해서).	
38	엄청 피곤해. 낮잠 잘게.	take a nap 낮잠 자다
39	내가 그 애 보면 그 애한테 전해줄게.	pass 전해주다
40	페이스북에 친구 신청할게.	

Unit 5

Listening Practice

긍정문

☞ 들으며 이해해 보세요!
보고 영어로 말해보세요!

41	내가 태워줄게.	give-a ride 태워주다
42	나 그거 금방 적응할게. 그건 걱정하지 마.	get used to 적응하다
43	에이 모르겠다. (한번) 해볼게.	What the hell. 에라 모르겠다. give it a shot 해보다
44	잊을게. (극복할게)	get over 이겨내다, 잊다, 극복하다
45	마실 것 가져올게.	
46	그거 명심할게. 고마워.	keep-in mind 명심하다, 기억하다
47	저희 최선을 다할게요.	
48	문까지 배웅할게.	walk-to the door 문까지 배웅하다
49	내가 직접 가져올게! 내가 할게.	
50	제발! 쥐 죽은 듯이 있을게. (쥐처럼 조용히 할게) 약속해.	Come on! 제발! as ~ as ~처럼 ~한

Listening Practice

부정문

☞ 들으며 이해해 보세요!
보고 영어로 말해보세요!

51	안 잊을게. 정말 고마워.	
52	알았어. 안 웃을게.	
53	아무 데도 안 갈게. 금방 돌아와.	
54	안 이를게. 약속해.	tell on 이르다, 고자질하다
55	아무에게도 말 안 할게. 입 다물거.	My lips are sealed. 난 입 닫았어. (입 다물게)
56	아무 말도 안 할게. 맹세해.	Cross my heart and hope to die. 맹세해.
57	널 실망시키지 않을게. 날 믿어도 돼.	let-down 실망시키다
58	포기하지 않을게. 계속할게.	keep going 계속하다
59	그만두지(포기하지) 않을게. 난 포기하는 사람이 아니야.	quitter 포기하는 사람, 자포자
60	널 다시는 귀찮게 하지 않을게. 이게 마지막이야.	bother 귀찮게 하다

Unit 5

Listening Practice

부정문

☞ 들으며 이해해 보세요!
보고 영어로 말해보세요!

61	그 애 안 놀릴게.	make fun of 놀리다
62	다시는 안 물을게. 정말 확실해?	
63	화 안 낼게. 나한테 진실을 말해줘도 돼.	
64	방해하지 않을게. (네 길에 서있지 않을게)	stand in one's way 방해하다, 막다
65	널 막지 않을게. 네가 원하는 뭐든지 해.	
66	아무에게도 주지 않을게.	
67	오래 있지 않을게.	
68	그런 일이 일어나도록 두지 않을게. 너한테 약속해.	
69	늦지 않을게. 제시간에 올게.	
70	나 실망하지 않을게. 나한테 솔직해도 돼.	disappointed 실망한

부정문

☞ 들으며 이해해 보세요!
보고 영어로 말해보세요!

71	우리 너 없이는 시작하지 않을게.	
72	너한테 거짓말 안 할게. 상황이 나빠.	
73	너 여기 올 때까지 우리 떠나지 않을게.	
74	네가 원하는 거 뭐든지 해. 어쨌든 아무도 널 믿지 않을 테니.	
75	이번엔 망치지 않을게. 내가 할 수 있는 모든 것을 할게.	
76	네가 그게 편하지 않다면 그거 안 할게.	
77	사과드립니다. 다시는 이런 일 없을 거예요.	My apologies. 사과드려요.
78	오래 안 걸릴 거야.	take long 오래 걸리다
79	(이게) 네 시간 많이 뺏지 않을거야.	take up one's time 시간을 뺏다
80	오래 걸리지 않을 거예요. 10분이면 다 될 거예요.	

Unit 5

Listening Practice

의문문

☞ 들으며 이해해 보세요!
보고 영어로 말해보세요!

81	난 갈 준비됐어. 우리 지금 나갈까?	
82	이거 볼래? 켜 둘까?	leave-on 켜 두다
83	우리 파티할까?	
84	산책 갈까?	
85	오늘 밤에 우리 영화 보러 갈까?	
86	들려? (너 이거 들을 수 있어?) 소리 좀 올릴까?	
87	시끄러워 (소리가 크다). 안 들려 (널 들을 수가 없어). 우리 이거 볼륨 줄일까?	
88	(걔한테) 전화해서 물어볼까?	
89	이번 주말에 캠핑 갈까?	
90	제가 가서 가져올까요?	

의문문

☞ 들으며 이해해 보세요!
보고 영어로 말해보세요!

91	우리 뭐 할까? 뭐 하고 싶어? 🔊	What do you feel like doing? 뭐 하고 싶어? 뭐가 당겨?
92	이걸로 뭐 할까? 이게 도대체 뭐 야? 🔊	
93	우리 어디로 갈까? 🔊	
94	저녁 뭐 먹을까? 뭐 당겨? 🔊	What do you feel like? 뭐 먹고/하고 싶어? 뭐 당겨?
95	어느 것으로 할까(살까)? 🔊	
96	뭐 살까? 🔊	
97	제가 뭘 가져올까요? 🔊	
98	나 뭐 입을까? 🔊	
99	우리 그 애한테 언제 말할까? 🔊	
100	뭐 할지 모르겠어. 나 어떡할까? 🔊	what to do 뭐 할지

Shadowing Practice

1	A: Can I speak to Sam, please? B: May I ask who's calling? A: It's his friend, Julia. B: Can you hold? A: Yes, I'll hold. B: I'll put you through.	speak to 통화하다 hold (전화 중에) 기다리다 put-through (전화) 연결하다
2	A: Can I speak to Sam, please? B: Speaking. Can I ask who's calling? A: Hi, Sam. This is Jenny. B: Hi, how are you?	Speaking. 전 데요.
3	A: Hi, is Tom available? Can I speak with him? B: I'll see if he is available. Hold the line, please. A: Yes, I'll hold. B: I'm sorry, he's on another call. 　　Do you want to leave a message? A: No, thanks. I'll call back later.	available 통화 가능한, 시간이 있는
4	A: How's your new job? B: Everything's new to me. It's a bit difficult. A: You'll get used to it soon. 　　And I'm sure things will get better. B: Thanks. It'll take some time. A: What do you want to do? 　　We can do whatever you want. B: You're the best.	get used to 적응하다
5	A: I'm off. B: Where are you off to? A: I want to go to the apple store at the mall. B: I'll give you a ride.	I'm off (to). 나 간다. give-a ride (차) 태워주다

will & shall

들으면서 따라 해보세요!
읽고 이해해 보세요!

6	A: Can you give me another chance? 　I want to try it again. B: Are you sure you want another chance? A: Yes, I'm sure. I won't let you down. B: Ok, then. I'll give you a second chance. 　This is the last one. A: That's a relief. Thanks.	let-down 실망시키다 give-a second chance 두 번째 기회, 만회할 기회 That's a relief. 다행이다.
7	A: Can you hear it? B: Yes, I can hear it. A: Shall I turn it up a bit? B: No, thanks. That's ok.	
8	A: It's loud. What is this? B: What do you want? A: I can't hear you. B: Is this too loud? Shall I turn it down? A: Yes, please. Thanks. It's really hard to concentrate. B: Sorry about that.	concentrate 집중하다
9	A: What shall we order? What are you in the mood for? B: I'm in the mood for pasta. What about you? A: I'll have the risotto. B: Shall we share a salad? A: That's a good idea. And I'll have a glass of red wine.	
10	A: I'm in big trouble. I don't know what to do. B: What's the matter? A: I can't finish the project today. I need more time. 　What shall I do? B: I'll help you with that. A: Thank you so much. You're a lifesaver.	in big trouble 큰일 난 lifesaver 구세주, 생명의 은인

Shadowing Practice

1	A: Sam 과 통화할 수 있을까요? B: 누구신지 여쭤봐도 되나요? A: 그의 친구 Julia에요. B: 기다려 주실래요? A: 네, 기다릴게요. B: 연결해 드릴 게요.	speak to 통화하다 hold (전화 중에) 기다리다 put-through (전화) 연결하다
2	A: Sam 있어요? (통화할 수 있어요?) B: 전 데요. 누구 신지 물어봐도 될까요? A: 안녕, Sam. Jenny 야. B: 안녕, 잘 지내? (너 어때?)	Speaking. 전 데요.
3	A: 여보세요, Tom 통화 가능한가요? (시간 있나요?) 　그와 통화할 수 있을까요? B: 통화 가능한지 볼게요. 기다려 주세요. A: 네, 기다릴게요. B: 죄송해요, 다른 전화 통화 중 이예요. 　메시지 남기실래요? A: 아니요. 나중에 다시 전화할게요.	available 통화 가능한, 시간이 있는
4	A: 네 새 직업 어때? B: 내게 모든 게 새로워. 조금 힘들어. A: 넌 곧 적응할 거야. 　그리고, 다(일들) 좋아질 거야. (확신해) B: 고마워. 시간이 좀 걸리겠지. A: 뭐 하고 싶어? 　우리 네가 원하는 거 다(뭐든지) 해도 돼. B: 네가 최고야.	get used to 적응하다
5	A: 나 간다. B: 어디(로) 가? A: 몰에 있는 애플스토어에 가고 싶어서. B: 내가 태워 줄게.	I'm off (to). 나 간다. give-a ride (차) 태워주다

will & shall

들으면서 이해해 보세요!
영어로 바꾸어 말해보세요!

6	A: 기회 한 번만 더 줄 수 있어? 다시 (시도) 해보고 싶어. B: 너 또 다른 기회를 원하는 게 확실해? A: 그럼, 확실해. 실망시키지 않을 게. B: 그럼 알았어. 만회할 기회를 줄게. 이번이 마지막이야. A: (휴) 다행이다. 고마워.	let-down 실망시키다 give-a second chance 두 번째 기회, 만회할 기회 That's a relief. 다행이다.
7	A: 이거 들려? (들을 수 있대?) B: 어, 들려. A: 볼륨 조금 올릴까? B: 아니야. 괜찮아.	
8	A: 시끄러워. 이게 뭐야? B: 왜? (뭘 원해?) A: (너 말) 안 들려. (들을 수 없어) B: 너무 시끄러워? 소리 줄일까? A: 어. 고마워. 집중하기가 너무 힘들다. B: 미안해.	concentrate 집중하다
9	A: 우리 뭐 주문할까? 무슨 기분이야? (뭐 당겨?) B: 난 파스타 먹고 싶어(당겨). 너는? A: 난 리소토 할게. B: 우리 샐러드 나눠 먹을까? A: 좋은 생각이야. 그리고 난 레드 와인 한잔할게.	
10	A: 나 큰일 났어. 뭘 할지 모르겠어. B: 무슨 일이야? (뭐가 문제야) A: 프로젝트를 오늘 다 못 하겠어. 시간이 더 필요해. 어떡하지? B: 내가 그거 도와줄게. A: 정말 고마워. 살았다. (넌 그세주/생명의 은인)	in big trouble 큰일 난 lifesaver 구세주, 생명의 은인

Unit 5

Unit

6

Unit 6

해야 되는 것과 안 해도 되는 의무들

have to

Questions	Answers	
Do I have to?	Positive	I have to
		해야 돼
해야 돼? 해야 되나요? (의무)	Negative	I don't have to
		안 해도 돼

> 이렇게 이해합니다.

바로 뒤에 들리는 단어(동사)를 넣어 자연스럽게 연결해서 이해합니다.

의문	긍정	부정
Do I have to go now? go 가다 + 해야 돼?	I have to go now. go 가다 + 해야 돼.	I don't have to go now. go 가다 + 안 해도 돼.
(가는 걸 해야 돼?) 지금 가야 돼?	(가는 걸 해야 돼) 지금 가야 돼.	(가는 걸 안 해도 돼) 지금 안 가도 돼.

<주의>

	의문	긍정	부정
I/we/you/they	Do I have to?	I have to	I don't have to
he/she/it	Does it have to?	It has to	It doesn't have to

	의문	긍정	부정
have to [의무]	Do I have to? 해야 돼?	I have to 해야 돼	I don't have to 안 해도 돼
can [허락]	Can I? 해도 돼?	You can 해도 돼	You can't 하면 안 돼

긍정문

☞ 듣고 따라 해보세요!
읽고 이해해 보세요!

Unit 6

1	We have to talk. It's important.	
2	I have to work this weekend.	
3	I have to lose some weight.	
4	You have to tell me everything. I want to know everything.	
5	I have to go somewhere now.	
6	You have to come.	
7	We have to do something about it.	
8	We have to move fast.	
9	I have to finish this by tomorrow.	
10	You have to decide for yourself.	

Listening Practice

긍정문

☞ 듣고 따라 해보세요!
　 읽고 이해해 보세요!

11	You have to try this. It's yummy.	
12	I have to run some errands. I'll call you later.	run (some) errands (여기저기 들러) 볼일보다
13	I have to buy something for my parents.	
14	You have to take care of yourself first.	take care of 돌보다
15	I have to see you now. Where are you?	
16	I have to have it. Can you buy it for me?	
17	I have to get a new phone.	
18	You have to wait for me. I'll be back soon.	
19	I have to take care of something now. I'll do it later.	
20	We have to think positively. Everything is ok.	positively 긍정적으로, 좋게

Unit 6

153

Listening Practice

긍정문

☞ 듣고 따라 해보세요!
　 읽고 이해해 보세요!

21	I have to go to bed early tonight.	
22	We have to get up at 6 tomorrow morning.	
23	I have to think about it. I can't make a decision now.	
24	We have to get ready now.	get ready 준비하다, 차비하다
25	You have to forgive me. Can you do that?	
26	We have to wait and see.	
27	I have to try harder.	
28	Hang on. I have to write that down.	
29	We have to be patient.	
30	We have to be really quiet.	

Listening Practice

긍정문

☞ 듣고 따라 해보세요!
읽고 이해해 보세요!

31	It has to work.	work 되다, 작동하다
32	She has to say 'yes'.	
33	He has to avoid caffeine for a few days.	
34	This has to fit.	
35	It has to be bigger. This is too small.	
36	It has to be fun.	
37	He has to be good looking.	
38	She has to be kind, warm, and loving.	
39	It has to be practical.	practical 실용적인
40	It has to be new.	

Listening Practice

부정문

☞ 듣고 따라 해보세요!
읽고 이해해 보세요!

41	You don't have to say anything. I understand.	
42	You don't have to tell me. I already know.	
43	You don't have to help. I can do it myself.	
44	I don't have to do anything now. I'm free.	
45	You don't have to apologize.	apologize 사과하다
46	You don't have to bring anything. Everything is there.	
47	You don't have to do that. It's alright.	
48	We don't have to worry about it. Nothing will happen.	
49	You don't have to yell. I can hear you.	yell 소리 지르다
50	We don't have to stay here if you don't want.	

Listening Practice

부정문

☞ 듣고 따라 해보세요!
읽고 이해해 보세요!

51	You don't have to stay at a hotel. You can stay with us.	
52	You don't have to give me a ride. I can walk home.	
53	I don't have to pay. It's free.	
54	I don't have to know. And I don't want to know.	
55	You don't have to feel bad about that. All is well.	
56	I don't have to explain it to anyone.	
57	You don't have to get me anything.	
58	You don't have to walk. I'll take you there.	
59	I don't have to work tomorrow. We can do something fun.	
60	I don't have to use it.	

Listening Practice

부정문

☞ 듣고 따라 해보세요!
읽고 이해해 보세요!

61	We don't have to go anywhere. We can stay home.	
62	You don't have to do anything. Sit here and relax.	
63	You don't have to wait. I'll do it now.	
64	You don't have to pretend. I already know.	pretend ~인척/아닌 척하다, 가장하다
65	We don't have to be scared of this. It's harmless.	harmless 무해한, 해가 되지 않는
66	You don't have to be afraid. Just go for it!	
67	I'll stay. You don't have to be alone.	
68	It doesn't have to be expensive.	
69	It doesn't have to be fancy.	fancy 화려한
70	It doesn't have to be you. Anyone can do it.	

Listening Practice

의문문

☞ 듣고 따라 해보세요!
읽고 이해해 보세요!

71	Do you have to go somewhere now?	
72	Do I really have to do that?	
73	Do I have to make an appointment now?	
74	Do you have to do that every time? It's quite annoying.	annoying 짜증 나는
75	Do we have to watch this boring movie? Can we watch something else?	
76	Do I have to answer that? Is that a question?	
77	Do I have to bring the receipt?	
78	Do I really have to be there? I don't want to.	
79	Does it have to be smaller?	
80	Does it have to be the same?	

Listening Practice

의문문

☞ 듣고 따라 해보세요!
읽고 이해해 보세요!

81	How long do we have to be here? I don't want to be here.	
82	What do I have to do now?	
83	How much do I have to pay?	
84	Why do you have to do that? I don't understand.	
85	Which way do I have to go?	
86	When do I have to come back?	
87	When do you have to finish this? When is it due?	
88	Why do you have to know? It's none of your business.	It's none of your business. 상관할 일 아니야. (신경 꺼)
89	Why do I have to tell you? It's none of your concern.	It's none of your concern. 상관/간섭할 일 아니야.
90	What do I have to say?	

Listening Practice

의문문

☞ 듣고 따라 해보세요!
읽고 이해해 보세요!

91	What do I have to write here?	
92	What time do we have to be there?	
93	Which one do I have to use?	
94	I'm here for the interview. Where do I have to go?	I'm here for ~하러 왔어요.
95	What time do we have to leave?	
96	Why do you have to go back to work now? Is everything alright?	
97	Why do we have to pretend? Is something wrong?	
98	What do we have to prepare?	prepare 준비하다
99	How many times do I have to tell you? My answer is 'no'.	how many times 몇 번
100	Why does it always have to be me?	

Unit 6

161

Listening Practice

긍정문

☞ 들으며 이해해 보세요!
보고 영어로 말해보세요!

Unit 6

#		
1	우리 얘기 좀 해야 돼. 중요한 일이야 (중요해).	
2	이번 주말에 일해야 돼.	
3	살을 좀 빼야 돼.	
4	내게 모든 것을 말해줘야 돼. 다 (모든 것) 알고 싶어.	
5	지금 어디 (어딘가) 가야 돼.	
6	너 (꼭) 와야 돼.	
7	우리 그거 어떻게 좀 해야 돼. (그것에 대해 뭔가 해야 돼)	
8	우리 빠르게 움직여야 돼.	
9	이거 내일까지 다해야 (끝내야) 돼.	
10	너 스스로 결정해야 돼.	

Listening Practice

긍정문

☞ 들으며 이해해 보세요!
보고 영어로 말해보세요!

11	너 이거 먹어봐야 돼. 맛있어.	
12	나 볼일 좀 봐야 돼. 나중에 전화할게.	run (some) errands (여기저기 들러) 볼일 보다
13	부모님을 위해 뭔가 사야 돼.	
14	너 자신을 먼저 돌봐야 돼.	take care of 돌보다
15	나 지금 너 봐야 돼. 어디야?	
16	나 이거 가져야 해. 이거 날 위해 사줄 수 있어?	
17	핸드폰 새로 사야 해.	
18	날 기다려야 해. 금방 돌아올게.	
19	지금은 뭔가 처리(해결) 해야 돼서. 그거 나중에 할게.	
20	우리 좋게 (긍정적으로) 생각해야 돼. 다 (모든 것이) 괜찮아.	positively 긍정적으로, 좋게

Unit 6

Listening Practice

긍정문

☞ 들으며 이해해 보세요!
보고 영어로 말해보세요!

21	오늘 밤엔 일찍 자야 돼.	
22	우리 내일 아침에 6시에 일어나야 돼.	
23	그거 생각해 봐야겠어. 지금 결정 못 해.	
24	우리 지금 준비해야 돼.	get ready 준비하다, 차비하다
25	너 날 용서해야 돼. 그럴 수 있어(그래 줄래)?	
26	기다려 봐야지. (기다리고 봐야 해)	
27	나 더 열심히 해야 돼.	
28	잠깐만. 그거 적어야 해.	
29	(참고) 기다려야 돼. (참아야 해)	
30	우리 진짜 조용히 해야 해.	

Listening Practice

긍정문

☞ 들으며 이해해 보세요!
보고 영어로 말해보세요!

31	그거 돼야 되는데. 🔊	work 되다, 작동하다
32	그 애가 그렇다고 말해야 되는데. 🔊	
33	그는 며칠 동안 카페인을 피해야 돼. 🔊	
34	이거 (사이즈) 맞아야 돼. 🔊	
35	더 커야 돼. 이건 너무 작아. 🔊	
36	재미있어야 돼. 🔊	
37	그 애 잘생겨야 돼. 🔊	
38	그녀는 친절하고, 따뜻하고, 다정해야 돼. 🔊	
39	그거 실용적이어야 해. 🔊	practical 실용적인
40	새 거여야 돼. 🔊	

Listening Practice

부정문

☞ 들으며 이해해 보세요!
보고 영어로 말해보세요!

41	아무 말도 안 해도 돼요. 이해해요.	
42	나한테 말 안 해도 돼. 이미 알고 있어 (벌써 알아).	
43	도와주지 않아도 돼요. 혼자 할 수 있어요.	
44	나 지금 아무것도 안 해도 돼. 시간 많아 (한가해).	
45	사과하지 않으셔도 됩니다.	apologize 사과하다
46	아무것도 가져오지 않아도 돼요. 다 (모든 것이) 거기 있어요.	
47	안 그러셔도 돼요. 괜찮습니다.	
48	그건 걱정하지 않아도 돼. 아무 일도 일어나지 않을 거야.	
49	소리 지르지 않아도 돼. 잘 들려 (널 들을 수 있어).	yell 소리 지르다
50	네가 원하지 않으면, 우리 여기에 있지 않아도 돼.	

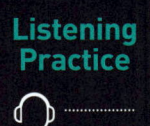

부정문

☞ 들으며 이해해 보세요!
보고 영어로 말해보세요!

51	호텔에서 묵지 않아도 돼요. 저희와 머물러도 돼요.	
52	나 안 태워 줘도 돼. 집에 걸어갈 수 있어.	
53	나 돈 내지 않아도 돼. 무료야.	
54	나는 몰라도 돼. 그리고 알고 싶지 않아.	
55	기분 상해하지(나빠하지) 않아도 돼. 다 괜찮아.	
56	아무에게도 설명하지 않아도 돼.	
57	아무것도 안 (가져다) 주셔도 돼요.	
58	걸어가지 않아도 돼. 내가 거기 데려다줄게.	
59	나 내일 일 안 해도 돼. 우리 재미있는 거 해도 돼.	
60	나 그거 쓰지 않아도 돼.	

Listening Practice

부정문

☞ 들으며 이해해 보세요!
보고 영어로 말해보세요!

61	우리 아무 데도 안 가도 돼. 집에 있어도 돼.	
62	넌 아무것도 안 해도 돼. 여기 앉아서 쉬어.	
63	기다리지 않아도 돼요. 제가 지금 할게요.	
64	(그런) 척 안 해도 돼. 이미 알고 있어.	pretend ~인척/아닌 척하다, 가장하다
65	우리 이거 무서워하지 않아도 돼. 무해해.	harmless 무해한, 해가 되지 않는
66	너 두려워하지 않아도 돼. 그냥 해!	
67	(여기) 있을게. 너 혼자 있지 않아도 돼.	
68	비싼 거 아니어도 돼 (비싸지 않아도 돼).	
69	화려하지 않아도 돼. (화려한 거 아니어도 돼)	fancy 화려한
70	(꼭) 너 가 아니어도 돼. 아무나 해도 돼.	

Listening Practice

의문문

☞ 들으며 이해해 보세요!
보고 영어로 말해보세요!

71	지금 어디 (어딘가) 가야 돼? 🔊	
72	이거 내가 진짜(정말) 해야 돼? 🔊	
73	지금 예약해야 되나요? 🔊	
74	너 매번 그래야 돼? (그거) 좀 짜증 나. 🔊	annoying 짜증 나는
75	우리 이 재미없는 영화를 봐야 돼? 다른 거 봐도 돼? 🔊	
76	제가 그거 대답해야 되나요? (그거) 질문이에요? 🔊	
77	영수증을 가져와야 되나요? 🔊	
78	나 꼭 (정말) 가야 돼? (거기 있어야 돼?) 싫어. 🔊	
79	더 작아야 돼? (더 작은 거여야 돼?) 🔊	
80	똑같은 거여야 돼? (같아야 돼?) 🔊	

Unit 6

Listening Practice

의문문

☞ 들으며 이해해 보세요!
보고 영어로 말해보세요!

81	우리 얼마나 오래 여기 있어야 돼? 여기 있기 싫어.	
82	이제 제가 뭘 해야 되나요?	
83	제가 얼마 내야 돼요?	
84	너 왜 그래야 돼? 이해가 안 돼.	
85	어느 길로 가야 되나요?	
86	언제 다시 와야 되나요?	
87	이거 언제 다해야 돼요? 언제 가 기한이에요?	
88	네가 왜 알아야 돼? 네가 상관할 일이 아니야.	It's none of your business. 상관할 일 아니야. (신경 꺼)
89	내가 왜 너한테 말해줘야 돼? 신경 꺼 (네가 상관할 일 아니야).	It's none of your concern. 상관/간섭할 일 아니야.
90	내가 뭐라고 말해야 돼?	

Listening Practice

의문문

☞ 들으며 이해해 보세요!
보고 영어로 말해보세요!

91	여기에 뭘 적어야 되나요?	
92	저희가 몇 시에 거기 가야(있어야) 돼요?	
93	제가 어느 것을 사용해야 되나요?	
94	면접 보러 왔어요. 어디로 가야 돼요?	I'm here for ~하러 왔어요.
95	우리 몇 시에 나가야 돼?	
96	너 지금 왜 다시 일하러 가야 돼? 다(모든 것) 괜찮은 거야?	
97	우리가 왜 그런 척해야 돼? 뭔가 잘못됐어?	
98	저희가 뭘 준비해야 되나요?	prepare 준비하다
99	내가 너한테 몇 번을 말해야 돼? 내 대답은 "no" 야.	how many times 몇 번
100	왜 (그게) 맨날 나야? (왜 항상 저 여야만 하나요?)	

Shadowing Practice

1	A: This is my ticket. Where do I have to go?
	B: You're here for the workshop.
	A: Yes, I am.
	B: You have to go to the function room.
	   It's on the third floor.
	   You can follow the green arrow.
	A: Do I have to take the stairs?
	B: You can use the elevator. It's around that corner.
	A: Thanks for your help.
		arrow
		화살표

2	A: We have to talk.
	B: Do you want to talk now?
	A: Yes, it's very important.
	B: Alright. What is it?
	A: I have to confess something.
	B: Yes, go on.
	A: I'm unemployed now. I have to get a new job.
	B: You poor thing. It'll be fine.
	   You don't have to feel bad about it.
	A: Thanks for understanding.
	B: I'll always support your decision.
	   Thanks for being honest with me.
		confess
		고백하다
		unemployed
		백수
		(You) Poor thing.
		불쌍해라. 가여워라.
		support
		지지/지원하다

3	A: Why do I have to tell you? It's none of your business. B: But I really want to know. Please? A: I'll think about it.	none of your business 상관할 일이 아닌
4	A: I want to apologize for my behavior earlier. B: It's alright. I understand. A: I can get so emotional sometimes. B: You don't have to apologize. A: I'll make it up to you.	behavior 행동 earlier 아까 get emotional 감정적이 되다, 울컥하다 make-up to 보상하다

have to

들으면서 따라 해보세요!
읽고 이해해 보세요!

5	A: This one is too big. It won't go in. B: Can I take a look? A: It has to be smaller than this one. B: Yeah, It's a bit big. You can borrow mine. Mine's smaller. A: I'll use yours, then.	(It) won't (해봐도) ~안 해, 안돼
6	A: I have to buy a gift for my coworker. B: Why do you have to buy a gift? A: We want to have a small farewell party, and I want to get something for him. B: What do you have in mind? A: I don't know. It doesn't have to be fancy. B: What's your price range? A: It doesn't have to be expensive. Any suggestions? B: How about a handkerchief? Or a book maybe? A: Well, I don't know. What shall I get?	coworker 동료 farewell party 송별회 have in mind 생각해두다/염두에 두다 fancy 화려한 price range 가격대 Any suggestions? 저 안할 거 있어? handkerchief 손수건
7	A: I don't have to work tomorrow. It's my day off. B: Is it? A: Yes, it is. Do you want to do something special? B: Yes, I do. What shall we do? A: We can do whatever you want to do. B: OK. I'll think about it and let you know. I'm so excited.	day off 쉬는 날
8	A: You have to talk to mom. B: Why does it have to be me? You have to tell her. A: It has to be you. You are good with words. B: I'll try. You owe me one!	good with words 말을 잘하는 You owe me one! 너 나한테 빚졌어/갚아!

Shadowing Practice

1	A: 이게 제 티켓이에요. 어디로 가야 되나요? B: 워크숍 오셨군요. A: 네. B: function 룸으로 가셔야 돼요. 　3층에 있습니다. 　초록색 화살표를 따라가시면 됩니다. A: 계단으로 가야 하나요? B: 엘리베이터 사용하셔도 돼요. 저 코너 돌면 있어요. A: 도움 감사합니다.	arrow 화살표
2	A: 얘기 좀 해. (우리 얘기해야 돼) B: 지금 얘기하고 싶어? A: 어, 매우 중요한 일이야. (중요해) B: 그래. 뭐야? A: 나 뭔가 고백해야 돼. B: 어, 계속해봐. A: 나 이제 백수야. 새 직업을 구해야 돼. B: 안됐다 (가여워라). 괜찮을 거야. 　너무 기분 나빠하지 않아도 돼. A: 이해해 줘서 고마워. B: 난 늘 너의 결정을 지지할게. 　나한테 솔직해줘서 고마워.	confess 고백하다 unemployed 백수 (You) Poor thing. 불쌍해라. 가여워라. support 지지/지원하다
3	A: 내가 왜 너한테 말해줘야 돼? 　네가 상관할 일이 아니야. B: 근데 난 정말 알고 싶어. 응? (제발) A: 생각해 볼게.	none of your business 상관할 일이 아닌
4	A: 아까 제 행동을 사과하고 싶어요 B: 괜찮습니다. 이해합니다. A: 제가 가끔 울컥해서요 (감정적이 될 수 있어요). B: 사과하지 않아도 됩니다. A: 제가 보상할게요.	behavior 행동 earlier 아까 get emotional 감정적이 되다, 울컥하다 make-up to 보상하다

have to

들으면서 이해해 보세요!
영어로 바꾸어 말해보세요!

5	A: 이 건 너무 크다. 안 들어가. B: 내가 봐드 돼? A: 이거보다는 더 작아야 돼. B: 그러네, 조금 크다. 내 것을 빌려도 돼. 내 건 더 작아. A: 그럼 네 것으로 쓸게.	(It) won't (하봐도) ~안 해, 안돼
6	A: 내 동료의 선물을 사야 돼. B: 왜 선물 사야 돼? A: 우리 송별회를 하고 싶은데, 그를 위해서 뭔가 사주고 싶어서. B: 뭐 생각해 둔거 있어? (뭘 염두/생각해 두고있어) A: 몰라. 화려하진 않아도 되고. B: 가격대는 어떻게 돼? (가격대가 뭐 야) A: 비싸지는 않아도 돼. 제안(할 거) 있어? B: 손수건 어때? 아님 책, 아마? A: 음, 모르겠네. 뭐 살까?	coworker 동료 farewell party 송별회 have in mind 생각해두다/ 염두에 두다 fancy 화려한 price range 가격대 Any suggestions? 제안(할 거) 있어? handkerchief 손수건
7	A: 내일 일 안 해도 돼. 쉬는 날이야. B: 그래? (쉬는 날?) A: 어, 그래. 뭐(뭔가) 특별한 거 할래? B: 그래. 뭐 할까? A: 네가 하고 싶은 거 뭐든지 해도 돼. B: 알았어. 생각해 보고, 알려 줄게. 정말 신난다.	day off 쉬는 날
8	A: 네가 엄마 랑 얘기해야 돼. B: 왜 내가 해야 돼? (나 여야 돼?) 네가 말해야 돼. A: 너 여야 돼. 넌 말 잘 하잖아. B: 내가 해볼게. 너 나한테 빚졌어.	good with words 말을 잘하는 You owe me one! 너 나한테 빚졌어/ 갚아

Unit 6

Unit

7

Unit 7
할 것과 안 할 것의 계획들

be going to (gonna)

Questions	Answers	
Are you going to? [Are you gonna?]	Positive	I'm going to [I'm gonna]
		할 거야
할 거야?	Negative	I'm not going to [I'm not gonna]
		안 할 거야

> 이렇게 이해합니다.

바로 뒤에 들리는 단어(동사)를 넣어 자연스럽게 연결해서 이해합니다.

의문	긍정	부정
Are you going to go now? go 가다 + 할 거야?	I'm going to go now. go 가다 + 할 거야.	I'm not going to go now. go 가다 + 안 할 거야.
(가는 걸 할 거야?) 지금 갈 거야?	(가는 걸 할 거야) 지금 갈 거야.	(가는 걸 안 할 거야) 지금 안 갈 거야.

<주의>

	의문	긍정	부정
he/she/it	Is it going to	It is going to	It isn't going to
we/you/they	Are we going to?	We are going to	We aren't going to

Listening Practice

긍정문

☞ 듣고 따라 해보세요!
읽고 이해해 보세요!

Unit 7

#	Sentence	Vocabulary
1	I'm going to go to my friend's wedding that day.	
2	We're going to help you. You don't have to worry.	
3	He's going to call soon.	
4	I'm going to go to bed now. Good night!	
5	We're going to have so much fun together.	have fun 재미있다
6	He's going to fix it. Shall we wait for him?	
7	You are going to do great.	do great 잘 하다
8	I'm going to succeed.	succeed 이루다, 성공하다
9	We have to leave now. We're going to miss the train.	miss 놓치다
10	We're going to miss you. Take care.	miss 보고 싶다, 그립다

Listening Practice

긍정문

☞ 듣고 따라 해보세요!
읽고 이해해 보세요!

11	She's going to like it.	
12	I'm going to spend some quality time with my kids.	spend quality time 좋은 시간 보내다
13	I'm going to get something to drink.	
14	Easy! You are going to hurt yourself.	Easy! 살살! (힘 빼고 진정해)
15	Be careful! You are going to fall down.	fall down 넘어지다
16	You are late. I'm going to let it slide this time.	let-slide (그냥) 넘어가다
17	I'm going to wait for a friend.	
18	I have to go now. She's going to be waiting for me.	
19	He's going to do many great things.	
20	I feel sick. I'm going to throw up.	feel sick 속이 안 좋다 throw up (구)토하다

Listening Practice

긍정문

☞ 듣고 따라해보세요!
읽고 이해해 보세요!

21	I'm going to pass. I don't want to go there.	pass 안 하다, 패스하다
22	I'm going to take a walk. I want to get some fresh air.	get fresh air 바람 쐬다
23	It's going to cost a fortune. What am I going to do?	cost a fortune 돈이 많이 들다, 매우 비싸다
24	It's going to fit nicely.	fit (사이즈) 맞다
25	It's going to look good on you. You have to buy it.	look good on 잘 어울리다
26	Things are going to get better.	things 일들, 것들
27	Things are going to work out. You don't have to worry.	work out 잘되다
28	Watch out! It's going to fall!	fall 떨어지다
29	It's going to take some time. Be patient.	
30	It's going to work. Trust me.	

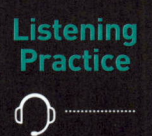

Listening Practice

긍정문

☞ 듣고 따라 해보세요!
읽고 이해해 보세요!

31	She's going to be fine. I am sure.	
32	They're going to be surprised.	
33	I can't finish this today. I'm going to be in trouble.	in trouble 큰 일난, 문제 있는
34	It's going to be huge!	huge 거대한, 대박인
35	It's going to be challenging. But I want to do it.	challenging 힘든, 도전적인
36	It's going to be ok.	
37	Everything's going to be alright.	
38	It's going to be a problem.	
39	It's going to be amazing.	
40	It's going to be a disaster. It's a nightmare.	disaster 큰일, 재난/재해 nightmare 큰일, 악몽

Listening Practice

부정문

☞ 듣고 따라 해보세요!
읽고 이해해 보세요!

41	I'm not going to give up on you. You can do it.	give up on (기대) 포기하다
42	I'm not going to let you down.	let-down 실망시키다
43	I'm not going to mess it up.	
44	I'm not going to feel sorry for myself.	feel sorry for oneself 자기 연민/ 신세한탄 하다
45	Don't worry. I am not going to tell on you.	tell on 이르다, 고자질하다
46	I'm not going to let it happen again.	
47	I'm not going to rush.	rush 서두르다
48	He isn't going to be late. He's never late.	
49	I'm not going to get mad. You can tell me anything.	
50	She isn't going to make it today.	make it 올 수 있다/갈 수 있다/ 해내다

Listening Practice

부정문

☞ 듣고 따라 해보세요!
읽고 이해해 보세요!

51	They are not going to remember that.	
52	She's not going to like the news.	
53	I'm not going to answer that.	
54	I can't say that. I'm not going to break his heart.	break one's heart 가슴 아프게 하다, 상처 주다
55	We aren't going to lose hope.	
56	I'm never going to give up hope. No way!	No way! 말도 안 돼! / 절대 아니야!
57	I'm going to be realistic. I'm not going to get your hopes up.	realistic 현실적인 get one's hopes up 희망고문하다
58	Nothing's going to make me feel better.	
59	No one is going to come.	
60	No one is going to believe me.	

Unit 7 185

Listening Practice

부정문

☞ 듣고 따라 해보세요!
읽고 이해해 보세요!

61	It's not going to break.	
62	It's not going to fit. It is too small.	
63	It isn't going to rain today.	
64	It's not going to be ok. Everything's a mess.	a mess 엉망
65	It isn't going to be easy. But it's ok.	
66	It isn't going to work.	
67	It's not going to kill you. What doesn't kill you makes you stronger.	What doesn't kill you makes you stronger. 아픈 만큼 성숙한다.
68	It isn't going to be the same without you.	
69	It isn't going to hurt.	
70	It's not going to get worse. It's going to be alright.	

Listening Practice

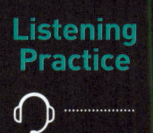

의문문

☞ 듣고 따라 해보세요!
읽고 이해해 보세요!

71	Are we going to do this or not?	
72	Are you going to return this?	return 반품하다
73	Are you going to drive there?	
74	Are you going to turn it down?	turn-down 거절하다
75	Are you going to accept the offer? What's your decision?	
76	Is it going to cost a fortune?	
77	Is it going to work?	
78	Is it going to take long?	
79	Is this going to be a problem between us? Are we ok?	
80	Are you going to be ok?	

Listening Practice

의문문

☞ 듣고 따라 해보세요!
읽고 이해해 보세요!

81	What are you going to choose?	
82	How am I going to pay for this?	
83	When are you going to come? Can you come now?	
84	How are you going to bring that up?	bring-up (말) 꺼내다
85	What time are they going to arrive?	
86	You're so childish. When are you going to grow up?	
87	How are you going to finish this today? Are you going to pull an all-nighter again?	pull an all-nighter (날) 밤새다
88	You can't trust him. When are you going to learn?	
89	What are you going to do tomorrow?	
90	So, what are you going to say?	

Listening Practice

의문문

☞ 듣고 따라 해보세요!
읽고 이해하 보세요!

91	I can't make up my mind. What am I going to do?	
92	What are we going to do with this?	
93	What are we going to do about this? We have to do something.	
94	How long is that going to take? Can you be specific?	specific 구체적인, 명확한
95	What are you going to order?	
96	How are you going to get there?	
97	How much is it going to cost to do that?	
98	How much is it going to be?	
99	When is it going to be ready?	
100	How long are you going to be like this?	

긍정문

☞ 들으며 이해해 보세요!
보고 영어로 말해보세요!

Unit 7

1	나 그날은 친구 결혼식에 갈 거야.	
2	우리가 널 도와줄 거야. 넌 걱정 안 해도 돼.	
3	그 애가 금방 전화할 거야.	
4	난 지금 잘 거야. 잘 자!	
5	우리 (함께) 너무 재미있을 거야.	have fun 재미있다
6	그가 이거 고칠 거야. 우리 그 애 기다릴까?	
7	넌 잘 할 거야.	do great 잘 하다
8	난 해낼 거야. (성공할 거야)	succeed 이루다, 성공하다
9	우리 지금 나가야 돼. 기차 놓칠 거야.	miss 놓치다
10	네가 보고 싶을 거야. 잘 지내.	miss 보고 싶다, 그립다

Listening Practice

긍정문

☞ 들으며 이해해 보세요!
보고 영어로 말해보세요!

11	그 애가 이거 좋아할 거야.	
12	내 아이들 하고 좋은 시간을 좀 보낼 거야.	spend quality time 좋은 시간 보내다
13	나는 마실 것 가져올 거야.	
14	살살! 너 다치겠다. (너 자신을 다칠 거야)	Easy! 살살! (힘 빼고 진정해)
15	조심해! 넘어지겠다. (너 넘어질 거야)	fall down 넘어지다
16	너 늦었네. 이번엔 (그냥) 넘어갈 거야.	let-slide (그냥) 넘어가다
17	전 친구를 기다릴 거예요.	
18	저 지금 가야 돼요. 그 애가 기다리고 있을 거예요.	
19	그는 많은 훌륭한 일들을 할 거야.	
20	나 속이 안 좋아. 토할 것 같아. (토할 거야)	feel sick 속이 안 좋다 throw up (구)토하다

Listening Practice

긍정문

☞ 들으며 이해해 보세요!
보고 영어로 말해보세요!

21	난 패스(=안 할 거야). (나는 패스할 거야) 거기 가기 싫어.	pass 안 하다, 패스하다
22	난 산책할 거야. 바람 좀 쐬고 싶어.	get fresh air 바람 쐬다
23	그거 돈 많이 들 거야. 나 어떡하지? (난 뭘 할까?)	cost a fortune 돈이 많이 들다, 매우 비싸다
24	이거 잘 (좋게) 맞을 거야.	fit (사이즈) 맞다
25	이거 너한테 잘 어울릴 거야. 너 이거 사라. (사야 돼)	look good on 잘 어울리다
26	(일들/것들) 나아질 거야.	things 일들, 것들
27	다(일들/것들) 잘 될 거야. 걱정 안 해도 돼.	work out 잘되다
28	조심해! 저거 떨어지겠다. (떨어질 거야)	fall 떨어지다
29	시간이 좀 걸릴 거예요. 기다려요 (참아요).	
30	그거 될 거야. 날 믿어.	

Listening Practice

긍정문

☞ 들으며 이해해 보세요!
보고 영어로 말해보세요!

31	그 애 괜찮을 거야. 확실해.	
32	걔네들은 놀라겠다. (놀랄 거야)	
33	이거 오늘 다 못해. 나 큰일 났다.	in trouble 큰 일난, 문제 있는
34	대박일 거야!	huge 거대한, 대박인
35	힘들 거야. 하지만, 하고 싶어.	challenging 힘든, 도전적인
36	(그거) 괜찮을 거야.	
37	다 (모든 것) 괜찮을 거야.	
38	이게 문제일 거야.	
39	멋질 거야. (대단할/놀라울 거야)	
40	큰일 났다 (재난일 거야). 큰일이다 (악몽이다).	disaster 큰일, 재난/재해 nightmare 큰일, 악몽

Unit 7

Listening Practice

부정문

☞ 들으며 이해해 보세요!
보고 영어로 말해보세요!

41	난 널 포기하지 않을 거야. 넌 할 수 있어.	give up on (기대) 포기하다
42	널 실망시키지 않을 거야.	let-down 실망시키다
43	나 이거 망치지 않을 거야.	
44	신세한탄하지 않을 거야.	feel sorry for oneself 자기 연민/ 신세한탄 하다
45	걱정하지 마. 너 안 이를 거야.	tell on 이르다, 고자질하다
46	나 이런 일 다시는 없게 할 거야. (이런 일 일어나게 하지 않을 거야)	
47	서두르지 않을 거야.	rush 서두르다
48	그 애 늦지 않을 거야. 그 앤 절대 안 늦어.	
49	화내지 않을 거야. 아무거나 내게 말해도 돼.	
50	그 애는 오늘 못 올 거야.	make it 올 수 있다/갈 수 있다/ 해내다

Listening Practice

부정문

☞ 들으며 이해해 보세요!
보고 영어로 말해보세요!

51	그들이 그거 기억하지 않을 거야.	
52	그 애가 그 소식을 안 좋아할 거야.	
53	그건 대답 안 할 거야.	
54	그렇게 말 못 해. 난 그에게 상처 주지 않을 거야.	break one's heart 가슴 아프게 하다, 상처 주다
55	우리 희망을 잃지 않을 거야.	
56	난 희망을 절대 포기하지 않을 거야. 절대!!	No way! 말도 안 돼! / 절대 아니야!
57	난 사실대로 말할 거야 (현실적일 거야). 널 희망고문하지 않을 거야.	realistic 현실적인 get one's hopes up 희망고문하다
58	아무것도 내 기분을 낮게 하지 않을 거야.	
59	아무도 안 올 거야.	
60	아무도 날 안 믿을 거야.	

Listening Practice

부정문

☞ 들으며 이해해 보세요!
보고 영어로 말해보세요!

61	그거 고장 나지(/깨지지) 않을 거야.	
62	이거 안 맞을 거야. 너무 작아.	
63	오늘 비 안 올 거야.	
64	(그거) 안 괜찮을 거야. 다 (모든 것) 엉망이야.	a mess 엉망
65	쉽지 않을 거야. 하지만 괜찮아.	
66	(그거) 안 될 거야.	
67	안 죽어 (그거 널 죽이지 않을 거야). 아픈 만큼 성숙해져 (널 죽이지 않는 것은 널 더 강하게 만들어).	What doesn't kill you makes you stronger. 아픈 만큼 성숙한다.
68	너 없이는 같지 않을 거야.	
69	(그거) 안 아플 거야.	
70	더 나빠지지는 않을 거예요. 괜찮을 거예요.	

Listening Practice

의문문

☞ 들으며 이해해 보세요!
보고 영어로 말해보세요!

71	이거 할 거야 말 거야?	
72	이거 반품할 거예요?	return 반품하다
73	거기 차로 갈 거야? (운전할 거야)	
74	그거 거절할 거니?	turn-down 거절하다
75	그 제안 받아들일 거야? 너의 결정이 뭐야?	
76	이거 엄청 비쌀까? (돈이 많이 들까요)	
77	그게 될까?	
78	오래 걸릴까요?	
79	이게 우리 사이에 문제가 될까? 우리 괜찮은 거야?	
80	너 괜찮겠어?	

Listening Practice

의문문

☞ 들으며 이해해 보세요!
보고 영어로 말해보세요!

81	뭘 고를 거야?	
82	나 이거 어떻게 내지? (돈)	
83	언제 올 거야? 지금 올 수 있어?	
84	그 말 어떻게 꺼낼 거야?	bring-up (말) 꺼내다
85	걔네들은 몇 시에 도착해? (도착할 거야)	
86	너 너무 유치해 (아이 같아). 언제 철들래? (언제 자랄 거야)	
87	이거 오늘 어떻게 끝낼 거야? 또 밤샐 거야?	pull an all-nighter (날) 밤새다
88	그 애 믿으면 안 된다니까. 언제 정신 차릴래? (언제 깨달을래/배울래)	
89	내일 뭐 할 거야?	
90	그래서, 뭐라고 할 거야? (말할 거야)	

Listening Practice

의문문

☞ 들으며 이해해 보세요!
보고 영어로 말해보세요!

91	결정을 못 하겠어. 나 어떡하지? (난 뭘 할까?)	
92	우리 이거로 뭐 하지? (이거로 뭘 할까?)	
93	우리 이거 어떡하지? 뭔가 해야 돼.	
94	얼마나 오래 걸릴까요? 구체적으로 말해 줄래요? (구체적일 수 있나요?)	specific 구체적인, 명확한
95	뭐 주문할 거야?	
96	거기 어떻게 갈려고? (갈 거야)	
97	그러는데 (그거 하는데) 얼마 들까요?	
98	그게 얼마일까요?	
99	이거 언제 다 될까요?	
100	너 대체 언제까지 이럴래? (얼마나 오래 이럴 거야?)	

Unit 7   199

Shadowing Practice

1	A: Where are you going to go for your vacation? B: I'm going to go to the West Coast. A: How are you going to get there? B: I'm going to drive there. A: What are you going to do there? B: I'm going to play it by ear. A: That's so cool!	play it by ear (그때) 가봐서 하다/ 마음 가는 대로하다
2	A: When is this social distancing going to be over? B: It's so depressing. A: I know. How long is it going to last?	social distancing 사회적 거리 두기 depressing 우울한 last 가다, 지속되다
3	A: Are you going to go to the workshop? B: I have to. It's mandatory. Everybody has to go. A: Are you going to come to the reception? B: No, I'm going to pass. A: You have to come. It's going to be fun.	mandatory 의무인 pass 패스하다 (안 하다)
4	A: We can't ignore this any longer. 　　We have to do something about it. B: I know. It is going to get worse. A: What are we going to do about this? B: We have to come up with new strategies. A: Agreed.	ignore 무시하다 get worse 나빠지다 come up with 생각해내다 strategies 전략 Agreed. 동의해. 맞아!
5	A: I have to complete this project today. B: When is it due? A: It's due tomorrow. I'm going to pull an all-nighter. B: I won't disturb you. A: Thanks. B: I'll get you some coffee.	complete 다하다, 완수/완성하다 pull an all-nighter (날) 밤새다 disturb 방해하다

be going to (gonna)

들으면서 따라 해보세요!
읽고 이해해 보세요!

6	A: Are you nervous? B: Yes, I'm very nervous. It's my first presentation. A: You're going to be amazing. B: Thanks. A: I hope it goes well. 　 Can you call me after the presentation? B: Yes, I will do that.	I hope it goes well. 잘 되길 바라.
7	A: Can you finish the paperwork and send it to me today? B: Yes, as soon as I finish it, I'll send it to you. A: How long is it going to take? 　 Can you be more specific? B: It's going to take about a couple of hours.	specific 구체적인 a couple of (hours) 둘 (두 시간)
8	A: I have to fix my phone. 　 Can you fix this cracked phone screen? B: Can you show me your phone? A: Here you are. How much is it going to cost? B: This is bad. It's going to cost about 200,000 won. A: And is it going to take long to repair? B: It's going to take an hour or so.	cracked 깨진, 부서진, 갈라진 or so 가량, 쯤
9	A: He's very snappy today. B: I think he's under a lot of stress. A: How long is he going to be like this? 　 I can't take it anymore. B: We have to avoid him today. What else can we do? A: You're right.	snappy 짜증스러운, 퉁명한 under stress 스트레스 받는 I can't take it. 못 참겠어.
10	A: What's your New Year's resolution? B: I'm going to exercise more. 　 I want to lose some weight. What's yours? A: I'm going to take up yoga. 　 And I'm going to join a study group. 　 It isn't going to be easy but I'm going to stick to them!	New Year's resolution 새해 소망/계획 take up 배우다, 시작하다 stick to 지키다

Shadowing Practice

1	A: 휴가 어디로 갈 거야? B: 서해로 갈 거야. A: 어떻게 갈 거야? B: 차로 갈 거야. (운전해서 갈 거야.) A: 거기서 뭐 할 거야? B: 그때 가봐서 할 거야. A: 정말 멋지다!	play it by ear (그때) 가봐서 하다/ 마음 가는 대로하다
2	A: 이 사회적 거리 두기가 언제 끝날까? B: 너무 우울해. A: 알아. 언제(까지) 갈까? (얼마나 오래갈까?)	social distancing 사회적 거리 두기 depressing 우울한 last 가다, 지속되다
3	A: 워크숍 갈 거야? B: 그래야 돼. 의무야. 모두가 가야 돼. A: 리셉션에 올 거야? B: 아니. 안 갈 거야. (패스할 거야.) A: 너 와야 돼. 재미있을 거야.	mandatory 의무인 pass 패스하다 (안 하다)
4	A: 이걸 더 이상 무시하면 안 돼. 뭔가 수를 써야 돼. (뭔가를 해야 돼.) B: 맞아 (알아). 더 나빠질 거야. A: 우리 이거 어떻게 할까? (우리 뭐 할 거야?) B: 새로운 전략들을 생각해내야 돼. A: 맞아. (동의해)	ignore 무시하다 get worse 나빠지다 come up with 생각해내다 strategies 전략 Agreed. 동의해. 맞아!
5	A: 나 이 프로젝트 오늘 완성해야 돼. B: 언제 가 기한인데? A: 내일이 기한이야. 밤샐 거야. B: 방해 안 할게. A: 고마워. B: 커피 좀 가져다줄게.	complete 다하다, 완수/완성하다 pull an all-nighter (날) 밤새다 disturb 방해하다

be going to (gonna)

들으면서 이해해 보세요!
영어로 바꾸어 말해보세요!

6	A: 떨려? B: 어, 너무 떨려. 내 첫 프레젠테이션이야. A: 잘 할 거야. (넌 멋질 거야). B: 고마워. A: 잘되길 바라. 프레젠테이션 후에 전화해줄래? B: 응, 그렇게 할게.	I hope it goes well. 잘 되길 바라.
7	A: 서류 끝내고 오늘 나한테 보내줄 수 있어요? B: 네, 끝내자마자 보낼 게요. A: 얼마나 걸릴까요? 좀 구체적일 수 있나요? B: 한 (약) 두 시간 정도 걸릴 거예요.	specific 구체적인 a couple of (hours) 둘 (두 시간)
8	A: 제 폰을 고쳐야 돼요. 이 깨진 액정 고칠 수 있어요? B: 폰 보여 줄래요? A: 여기요. 얼마 들까요? B: 심각하네요 (나쁘네요). 20만 원 들 거예요. A: 그리고 고치는 데 오래 걸릴까요? B: 한 시간가량 걸릴 거예요.	cracked 깨진, 부서진, 갈라진 or so 가량, 쯤
9	A: 쟤 오늘 너무 짜증 내내. B: 스트레스 많이 받는 것 같아. A: (대체) 언제까지 저럴까? (얼마나 오래 저럴까) 더 이상은 못 참겠어. B: 오늘은 피해야 돼. 어쩌겠어? (우리가 뭘 할 수 있겠어?) A: 네가 옳아.	snappy 짜증스러운, 퉁명한 under stress 스트레스 받는 I can't take it. 못 참겠어.
10	A: 네 새해 소망이 뭐야? B: 난 운동을 더 할 거야. 살을 좀 빼고 싶어. 넌? (네 것은 뭐야) A: 난 요가 배울 거야. 그리고 스터디 그룹에 들어갈 거야. 쉽지 않겠지만, 난 지킬 거야!	New Year's resolution 새해 소망/계획 take up 배우다, 시작하다 stick to 지키다

Unit 7

Unit

8

Unit 8

하는 게 좋은 것과 아닌 의견 제시들

should

Questions	Answers	
Should I?	Positive	I should
하는 게 좋을까?		하는 게 좋겠어/하자
	Negative	I shouldn't
		안 하는 게 좋겠어/하지 말자
Do you think I should?	Positive	I think I should
하는 게 좋을 것 같아?		하는 게 좋을 것 같아
	Negative	I don't think I should
		안 하는 게 좋을 것 같아

> 이렇게 이해합니다.

바로 뒤에 들리는 단어(동사)를 넣어 자연스럽게 연결해서 이해합니다.

의문	긍정	부정
Should I go now? go 가다 + 하는 게 좋을까?	I should go now. go 가다 + 하는 게 좋겠어.	I shouldn't go now. go 가다 + 안 하는 게 좋겠어.
(가는 걸 하는 게 좋을까?) 지금 가는 게 좋을까?	(가는 걸 하는 게 좋겠어) 지금 가는 게 좋겠어.	(가는 걸 안 하는 게 좋겠어) 지금 안 가는 게 좋겠어.
Do you think I should go now?	I think I should go now.	I don't think I should go now.
지금 가는 게 좋을 것 같아?	지금 가는 게 좋을 것 같아.	지금 안 가는 게 좋을 것 같아.

Listening Practice

긍정문

☞ 듣고 따라 해보세요!
읽고 이해해 보세요!

Unit 8

#		
1	We should do it together.	
2	I should work on this first.	work on (작업) 하다, 처리하다
3	I should keep myself busy.	keep oneself busy 바쁘게 하다/지내다
4	I should get some rest.	
5	You should come. You are going to have a good time.	
6	I should cut back on drinking.	cut back on 줄이다
7	You should join us. Take a seat.	join 같이 하다/먹다
8	You should wear a helmet.	
9	We should help him.	
10	I should mind my own business. It isn't my concern.	mind one's own business 자기 일하다/ 참견 안 하다

Just Listen - 10분에 150문장 듣기

Listening Practice

긍정문

☞ 듣고 따라 해보세요!
읽고 이해해 보세요!

11	I should get going. See you later.	get going 가다, 출발하다
12	You should hurry back. I'm scared.	hurry back 빨리 돌아오다
13	You are as white as a sheet. You should lie down.	as white as a sheet 창백한, 백지장처럼 하얀
14	Don't tell me what to do. You should mind your own business.	Don't tell me what to do. 이래라저래라 하지 마.
15	If we are going to do this now, we should make it quick.	make it quick 빨리하다
16	We should consider it from all angles.	consider 고려하다
17	I should make a good first impression. The first impression is very important.	make a good first impression 좋은 첫인상을 주다
18	You should keep your eyes on the road.	keep one's eyes on the road 한 눈 팔지 않다
19	I should put this away.	put-away (제자리에) 치우다
20	I'm tired. I should get some sleep.	

Listening Practice

긍정문

☞ 듣고 따라 해보세요!
읽고 이해해 보세요!

21	I think I should get changed.	get changed 옷 갈아입다
22	I think I should listen to your advice.	
23	I think we should give her some privacy.	give-privacy 자리 비켜주다
24	I think we should forget about it.	
25	I think we should leave now. We're going to be late.	
26	I think I should keep my mouth shut.	keep one's mouth shut 입을 닫다, 조용히 하다
27	I think we should thank him.	
28	I think I should see a doctor.	
29	I think we should respect his wishes.	
30	I think you should take a look at it.	

Listening Practice

긍정문

☞ 듣고 따라 해보세요!
읽고 이해해 보세요!

31	I think I should keep it. I'm going to need it later.	
32	I think we should get rid of it.	get rid of 없애다
33	I think you should hurry.	
34	I think you should try it on.	
35	I think I should save this.	
36	I think I should write it down.	
37	I think I should pull myself together.	pull oneself together 정신 차리다
38	I think you should put sunscreen on.	put-on 바르다
39	I think you should be quiet.	
40	I think we should be careful.	

Listening Practice

부정문

☞ 듣고 따라 해보세요!
읽고 이해해 보세요!

#	Sentence	Vocabulary
41	I shouldn't do this. It's not right.	
42	I shouldn't eat that. It's too sweet for me.	
43	You shouldn't ignore the problem. It's going to get worse.	ignore 무시하다
44	You shouldn't text and drive. It's dangerous.	text and drive 문자하며 운전하다
45	I shouldn't frown.	frown 인상 쓰다
46	We shouldn't put this here.	
47	I shouldn't jump to conclusions.	jump to conclusions 속단하다, 앞서가다
48	We shouldn't leave it like that. It's going to get bigger.	get bigger 더 커지다
49	I shouldn't tell him about this. He's going to be upset.	
50	You shouldn't say anything to her.	

Listening Practice

부정문

☞ 듣고 따라 해보세요!
읽고 이해해 보세요!

51	I shouldn't regret it.	regret 후회하다
52	I shouldn't take sides.	take sides 편을 들다
53	You shouldn't blame yourself. It's not your fault.	
54	You scared me. You shouldn't scare me like that.	You scared me. 놀랬잖아. (너가 날 놀라게 했어) scare 놀라게 하다
55	I shouldn't overreact.	overreact 과잉 반응하다, 오버하다
56	We shouldn't judge a book by its cover. We should hear her out.	hear-out 이야기를 듣다
57	I can't say anything nice about this. I shouldn't say anything at all.	
58	You shouldn't be hard on yourself.	hard on oneself 자책하는
59	I shouldn't be nosey.	nosey (꼬치꼬치) 참견하는
60	You shouldn't be mean to him.	mean to 심하게 대하는, 너무 하는

Unit 8

Listening Practice

부정문

☞ 듣고 따라 해보세요!
읽고 이해해 보세요!

61	That's insane! I don't think you should do it.	insane 미친, 정신 나간
62	I don't think we should watch it.	
63	I don't think you should listen to her.	
64	I don't think you should turn it down. It's a great opportunity.	
65	I don't think we should go together. You should go in first.	go in 들어가다
66	I don't think you should mention that. It's unnecessary.	mention 말하다, 언급하다 unnecessary 불필요한
67	I don't think I should avoid him. I can't avoid him anyway.	
68	I don't think we should worry about that.	
69	I don't think we should see each other anymore.	each other 서로
70	I don't think I should scratch it, but it's so itchy.	scratch 긁다 itchy 가려운

Listening Practice

의문문

☞ 듣고 따라 해보세요!
읽고 이해해 보세요!

71	Should I wait in the car?	
72	Should we ask him for help?	
73	Should I do this? Is it the right thing?	the right thing 옳은 일
74	Should we stop him?	
75	Should we get going now?	
76	Should I buy something for them? What do you think?	What do you think? 어떻게 생각해?
77	Should we warn him?	warn (미리) 말하다, 경고하다
78	Should we order in?	order in 시켜 먹다, 배달시키다
79	Is it serious? Should I be worried?	worried 걱정하는
80	Is he in danger? Should I be concerned?	concerned 걱정하는

Listening Practice

의문문

☞ 듣고 따라 해보세요!
읽고 이해해 보세요!

81	Which one should I get?	
82	Why should I listen to you?	
83	What should I wear?	
84	Where should we begin?	
85	Where should we put this?	
86	How should we proceed?	
87	Which one should I take?	
88	What should I say?	
89	Where should we sit?	
90	What should I do? What's the right thing to do?	

Listening Practice

의문문

☞ 듣고 따라 해보세요!
읽고 이해해 보세요!

91	Where do you think we should go?	
92	Do you really think I should do that?	
93	What do you think I should do now?	
94	Do you think I should get this?	
95	Where do you think we should hide it?	hide 숨기다, 숨다
96	What do you think we should say?	
97	Do you think I should take his advice?	take one's advice 조언을 듣다
98	Why do you think I should do that? What's the point?	point 요점, 의미
99	When do you think we should leave?	
100	How much do you think we should get?	

긍정문

☞ 들으며 이해해 보세요!
보고 영어로 말해보세요!

Unit 8

1	우리 이거 같이 하자. (같이 하는 게 좋겠어)	
2	이걸 먼저 하는 게 좋겠어.	work on (작업) 하다, 처리하다
3	바쁘게 지내 야지. (바쁘게 지내는 게 좋겠어)	keep oneself busy 바쁘게 하다/지내다
4	좀 쉬는 게 좋겠어.	
5	와라 (너 오는 게 좋겠어). 좋은 시간 보낼 거야.	
6	술을 줄이는 게 좋겠다.	cut back on 줄이다
7	우리 랑 조인하자. 앉아.	join 같이 하다/먹다
8	헬멧을 써야 지.	
9	그를 도와주는 게 좋겠다.	
10	난 내 일이나 신경 쓰는 게 좋겠어. (그건) 내 상관할 일 아니야.	mind one's own business 자기 일하다/ 참견 안 하다

Listening Practice

긍정문

☞ 들으며 이해해 보세요!
보고 영어로 말해보세요!

11	전 출발하는 게 좋겠어요. 나중에 봐요.	get going 가다, 출발하다
12	너 빨리 돌아오는 게 좋겠어. 나 무서워.	hurry back 빨리 돌아오다
13	너 창백해 (백지장처럼 하얘). 누워 (눕는 게 좋겠어).	as white as a sheet 창백한, 백지장처럼 하얀
14	이래라저래라 하지 마 (뭘 하라고 말하지 마). 너나 잘해 (네 일이나 신경 써).	Don't tell me what to do. 이래라저래라 하지 마.
15	우리 이거 지금 할 거면, 빨리 하는 게 좋겠다.	make it quick 빨리하다
16	우리 다각도로 (모든 각도에서) 고려해 보는 게 좋을 거예요.	consider 고려하다
17	첫인상이 좋아야 되는데. (좋은 첫인상을 주는 게 좋겠어) 첫인상은 정말 중요해.	make a good first impression 좋은 첫인상을 주다
18	한 눈 팔지 말고. (계속 도로를 봐야 지)	keep one's eyes on the road 한 눈 팔지 않다
19	이거 치우는 게 좋겠어.	put-away (제자리에) 치우다
20	피곤해. 잠 좀 자는 게 좋겠다.	

Listening Practice

긍정문

☞ 들으며 이해해 보세요!
보고 영어로 말해보세요!

21	나 옷을 갈아입는 게 좋을 것 같아.	get changed 옷 갈아입다
22	네 말(조언)을 듣는 게 좋을 것 같다.	
23	자리를 비켜주는 게 좋을 것 같아. (그녀에게 프라이버시를 주는 게 좋을 것 같아)	give-privacy 자리 비켜주다
24	우리 이건 잊는 게 좋을 것 같다.	
25	우리 지금 나가는 게 좋을 것 같아. 늦겠어. (늦을 거야)	
26	난 조용히 하는 게 (입을 닫는 게) 좋을 것 같다.	keep one's mouth shut 입을 닫다, 조용히 하다
27	우리 그 애한테 고마워하는 게 좋을 것 같아.	
28	나 병원에 가보는 게 좋을 것 같아. (의사를 보는 게 좋을 것 같아)	
29	그의 소망을 들어주는 게 (존중하는 게) 좋을 것 같아.	
30	너 이거 한번 보는 게 좋을 것 같네.	

Listening Practice

긍정문

☞ 들으며 이해해 보세요!
보고 영어로 말해보세요!

31	난 이거 가지고 있는 게 좋을 것 같아. 나중에 필요할 거야.	
32	우리 이거 없애 버리는 게 좋을 것 같아.	get rid of 없애다
33	너 서두르는 게 좋을 것 같아.	
34	이거 입어보는 게 좋을 것 같아요.	
35	이거 저장하는 게 좋을 것 같아.	
36	나 그거 적어 두는 게 좋을 것 같아.	
37	나 정신 차리는 게 좋을 것 같아.	pull oneself together 정신 차리다
38	너 선크림 바르는 게 좋을 것 같은데.	put-on 바르다
39	너 조용히 하는 게 좋을 것 같아.	
40	우리 조심하는 게 좋을 것 같아.	

Unit 8

Listening Practice

부정문

☞ 들으며 이해해 보세요!
보고 영어로 말해보세요!

41	나 이거 안 하는 게 좋겠어. 옳지 않아. 🔊	
42	나 그거 안 먹는 게 좋겠어. 나한테 너무 달아. 🔊	
43	그 문제를 무시하지 않는 게 좋겠어. 더 나빠질 거야. 🔊	ignore 무시하다
44	운전하면서 문자하지 말아야지. (문자하며 운전 안 하는 게 좋겠어) 위험해. 🔊	text and drive 문자하며 운전하다
45	나 인상 쓰지 말아야지. (인상 쓰지 않는 게 좋겠다) 🔊	frown 인상 쓰다
46	우리 이거 여기다 두지 않는 게 좋겠어. 🔊	
47	너무 앞서가지 말아 야지. (속단하지 않는 게 좋겠어) 🔊	jump to conclusions 속단하다, 앞서가다
48	우리 이거 그렇게 두지 않는 게 좋겠어. 더 커질 거야. 🔊	get bigger 더 커지다
49	이거에 대해서는 그 애한테 말하지 않는 게 좋겠어. 속상해할 거야. 🔊	
50	너 그 애한테는 아무 말 하지 않는 게 좋겠다. 🔊	

Listening Practice

부정문

☞ 들으며 이해해 보세요!
보고 영어로 말해보세요!

51	후회하지 말아야지. (나 후회하지 않는 게 좋겠어)	regret 후회하다
52	편들지 말아야지.	take sides 편을 들다
53	너 자신을 탓하지 않는 게 좋겠어. 네 잘못이 아니잖아.	
54	놀랬잖아. 날 그렇게 놀라게 하지 말아야지.	You scared me. 놀랬잖아. (네가 날 놀라게 했어) scare 놀라게 하다
55	과민 반응하지 말아야지.	overreact 과잉 반응하다, 오버하다
56	우리 겉만 보고 판단하지 않는 게 좋겠어. 그녀의 말 들어 보는 게 좋겠어.	hear-out 이야기를 듣다
57	이거에 대해 (도저히) 좋은 말을 할 수가 없네. 말을 말아야지. (전혀 아무 말도 하지 않는 게 좋겠다)	
58	자책하지 않는 게 좋겠어.	hard on oneself 자책하는
59	내가 (꼬치꼬치) 참견하지 않아야지.	nosey (꼬치꼬치) 참견하는
60	너 그 애에게 심하게 대하지 않는 게 좋겠어.	mean to 심하게 대하는, 너무 하는

부정문

☞ 들으며 이해해 보세요!
보고 영어로 말해보세요!

61	정신 나갔어! 너 그거 안 하는 게 좋을 것 같아.	insane 미친, 정신 나간
62	우리 이거 안 보는 게 좋을 것 같다.	
63	너 그 애 말 안 듣는 게 좋을 것 같아.	
64	너 그거 거절하지 않는 게 좋을 것 같아. 훌륭한 기회야.	
65	우리 같이 가지 않는 게 좋을 것 같아. 네가 먼저 들어가는 게 좋겠어.	go in 들어가다
66	너 그 말은 (언급) 안 하는 게 좋을 것 같아. 불필요해.	mention 말하다, 언급하다 unnecessary 불필요한
67	난 그를 피하지 않는 게 좋을 것 같아. 어차피 피할 수도 없고.	
68	우리 그건 걱정하지 않는 게 좋을 것 같다.	
69	우리 서로 더 이상 안 보는 게 좋을 것 같아.	each other 서로
70	이거 안 긁는 게 좋을 것 같은데, 너무 가려워.	scratch 긁다 itchy 가려운

Listening Practice

의문문

☞ 들으며 이해해 보세요!
보고 영어로 말해보세요!

71	내가 차에서 기다리는 게 좋을까?	
72	우리 그에게 도움을 청하는 게 좋을까?	
73	나 이거 하는 게 좋을까? 옳은 일인가?	the right thing 옳은 일
74	우리가 그를 막는 게 좋을까?	
75	우리 지금 출발하는 게 좋을까요?	
76	걔네들을 위해 뭔가 사는 게 좋을까? 어떻게 생각해?	What do you think? 어떻게 생각해?
77	걔에게 미리 말해주는 게 좋을까?	warn (미리) 말하다, 경고하다
78	배달시켜 먹는 게 좋을까?	order in 시켜 먹다, 배달시키다
79	심각해요? 제가 걱정해야 되나요? (걱정하는 상태여야 돼요?)	worried 걱정하는
80	그 애 위험해? (위험한에 있어?) 걱정해야 돼?	concerned 걱정하는

Unit 8

225

Listening Practice

의문문

☞ 들으며 이해해 보세요!
보고 영어로 말해보세요!

81	어느 것으로 사는 게 좋을까?	
82	내가 너 말을 왜 들어야 돼?	
83	나 뭐 입는 게 좋을까?	
84	저희 어디서 시작하는 게 좋을까요?	
85	이거 어디에 두는 게 좋을까?	
86	어떻게 진행하는 게 좋을까요?	
87	어느 것으로 가져가는 게 좋을까?	
88	내가 뭐 라 그래? (뭘 말하는 게 좋을까?)	
89	우리 어디 앉는 게 좋을까?	
90	내가 뭘 하는 게 좋겠어? 뭐가 (하기에) 옳은 일이지?	

Listening Practice

의문문

☞ 들으며 이해해 보세요!
보고 영어로 말해보세요!

91	우리 어디로 가는 게 좋을 것 같아?	
92	넌 정말 내가 이거 하는 게 좋을 것 같아?	
93	나 이제 뭘 하는 게 좋을 것 같아?	
94	이거로 하는 게 (사는 게) 좋을 것 같니?	
95	우리 이걸 어디에 숨기는 게 좋을 것 같아?	hide 숨기다, 숨다
96	우리가 뭐라고 말하는 게 좋을 것 같아?	
97	내가 그의 조언을 듣는 게 좋을 것 같니?	take one's advice 조언을 듣다
98	내가 왜 그걸 하는 게 좋을 것 같아? 무슨 필요가 있어? (의미가 뭐야?)	point 요점, 의미
99	저희가 언제 –가는 게 좋을 것 같아요?	
100	우리 얼마 받는 게 좋을 것 같아?	

Shadowing Practice

1	A: Should we get going now? B: Yes, we should get going. 　　We have to run some errands before we go home. A: Where do we have to go first? B: We have to go to the post office first. A: This is the best coffee. 　　We should come back here again. B: Yes, we'll do that. I'll go get the car.	get going 가다, 출발하다 run some errands (여기저기 들러) 볼일 보다
2	A: You don't have to tell me what to do. 　　And you shouldn't be nosey. B: I just want to help. That's all. A: You should mind your own business. B: Noted. Suit yourself.	tell-what to do 이래라저래라 하다 nosey 참견하는, 꼬치꼬치 묻는 mind one's own business 너나 잘해/ 너 일이나 신경 써 Noted. 알겠습니다/ 알아들었습니다. Suit yourself. 마음대로/좋을 대로 해.
3	A: Hi, how are you doing? B: I'm great, thanks. How's it going? A: Couldn't be better. We should get coffee sometime. B: Yes, we should. Say hello to your wife. A: I will. Thanks. Have a nice day. B: You, too. Bye.	Couldn't be better. 아주 좋아/ 이보다 좋을 수 없어. say hello to 안부 전하다
4	A: We should put these away before the guests arrive. 　　Can you help? B: Of course. When are they going to be here? A: They are going to get here at 5. 　　Where do you think I should put this? B: You should put it in the guest room.	put-away (제 자리에) 치우다
5	A: What do you think? How's my speech? B: I think you should leave this part out. A: But it's the important part. B: I don't think you should mention it. It's unnecessary.	leave-out 빼다, 생략하다 mention 말/언급하다 unnecessary 불필요한

should

들으면서 따라 해보세요!
읽고 이해해 보세요!

6	A: Is everything alright? B: Sorry. I don't feel like talking. Can I be alone? A: What's it about? B: It's a family thing. A: What do you think we should do? C: I think we should give him some privacy. A: Do you think he should be alone now? C: Yes, I think we should respect his wishes. A: I'm worried about him. I want to be there for him. C: I know. He's going to be ok.	feel like -ing ~할 기분이다 give-some privacy 자리 피해주다, 혼자 두다 respect one's wishes 의사를 존중하다
7	A: How can you compare our situations? B: They are similar. A: No, they are not. They are totally different. B: I guess you're right. I shouldn't compare. A: Yes, apples and oranges! We can't compare apples and oranges. B: True that! We shouldn't compare ourselves to others.	compare 비교하다 totally 완전히 compare apples and oranges (비교가 안 되는 것을 비교하다) True that! 맞지! 그렇지!
8	A: Which one do you think I should buy? B: You should get the red one. The red one is nicer. A: The red one? Ok. I will get the red one.	
9	A: Why should I be nice to her? What's the point? B: That's the right thing to do. A: She's so mean. I want to get even. B: That's never the answer.	nice to 잘해주는 get even (똑같이 지려고) 갚아주다/복수하다
10	A: I want to move on. I should keep myself busy. B: That's a good idea. A: I should focus on myself.	move on (잊고) 새 출발하다 keep oneself busy 바쁘게 보내다/지내다 focus on 집중하다

Shadowing Practice

1	A: 우리 지금 출발할까? (출발하는 게 좋을까) B: 그래, 그러자. 집에 가기 전에 볼일 좀 봐야 돼. A: 어디 먼저 가야 돼? B: 우체국에 먼저 가야 돼. A: 이거 최고의 커피야. 　여기 다시 오자. (또 다시 오는 게 좋겠어) B: 그래, 그러자. (약속) 　내가 가서 차 가져올게.	get going 가다, 출발하다 run some errands (여기저기 들러) 볼일 보다
2	A: 나한테 이래라저래라 안 해도 돼. 　그리고 참견하지 말아야지. B: 난 그냥 돕고 싶어서. 그게 다야. A: 네 일이나 신경 써. (신경 쓰는 게 좋겠어) B: 알겠어. 좋을 대로 해.	tell-what to do 이래라저래라 하다 nosey 참견하는, 꼬치꼬치 묻는 mind one's own business 너나 잘해/ 너 일이나 신경 써 Noted. 알겠습니다/ 알아들었습니다. Suit yourself. 마음대 로/좋을 대로 해.
3	A: 안녕, 잘 지내? (어때) B: 난 좋아. 고마워. 넌 어때? A: 아주 좋아. 우리 언제 커피 한잔하자. B: 그래. 와이프한테 안부 전해줘. A: 그럴게. 고마워. 좋은 하루 보내. B: 너도. 안녕.	Couldn't be better. 아주 좋아/ 이보다 좋을 수 없어. say hello to 안부 전하다
4	A: 손님들 도착하기 전에 이것들 좀 치워 야지. 　도와줄래? B: 물론이지. 언제 도착해? (언제 여기 있을 거야) A: 5시에 올 거야. 이건 어디에 두는 게 좋을 것 같아? B: 손님방에 두는 게 좋겠어.	put-away (제 자리에) 치우다
5	A: 어때? (어떻게 생각해) 내 스피치 어때? B: 이 부분은 빼는 게 좋을 것 같아. A: 그게 중요한 부분인데. B: 그건 언급하지 않는 게 좋을 것 같아. 불필요해.	leave-out 빼다, 생략하다 mention 말/언급하다 unnecessary 불필요한

should

들으면서 이해해 보세요!
영어로 바꾸어 말하 보세요!

6	A: 무슨 일 있어? (모든 게 괜찮아) B: 미안. 나 얘기할 기분이 아니야. 혼자 있어도 될까? A: 무슨 일인데? (뭐어 관한 거야) B: 가족 일이야. A: 우리 어떻게(뭘) 하는 게 좋을 것 같아? C: 쟤에게 자리를 피해 주는 게 좋을 것 같아. A: 지금 쟤가 혼자 있는 게 좋을 것 같아? C: 어, 의사를 존중해 주는 게 좋을 것 같아. A: 걱정되네. 옆에 있어주고 싶든데. (그를 위해 거기에 있어주고 싶어) C: 알아. (그 애) 괜찮을 거야.	feel like -ing ~할 기분이다 give-some privacy 자리 피해주다, 혼자 두다 respect one's wishes 의사를 존중하다
7	A: 우리의 상황을 어떻게 비교할 수 있어? B: 비슷하잖아. A: 아니야. 완전히 달라. B: 네 말이 맞는 것 같아. 비교하지 말아야지. A: 그래. 사과랑 오렌지! 우리는 사과랑 오렌지를 비교하면 안 돼. B: 그렇지! 우린 우리 자신을 남들과 비교하지 말아야지.	compare 비교하다 totally 완전히 compare apples and oranges (비교가 안 되는 것을 비교하다) True that! 맞지! 그렇지!
8	A: 내가 어느 거 사는 게 좋을 것 같아? B: 빨간 것으로 사라. 빨간 게 더 좋아. A: 빨간 것? 그래. 빨간 것으로 살게.	
9	A: 내가 왜 걔한테 잘해줘야 돼? 무슨 의미가 있어? (의미가 뭐야) B: 그렇게 하는 게 옳은 일이야. A: 쟨 너무해. 난 갚아 주고 싶어. B: 그게 결코 정답이 아니야.	nice to 잘해주는 get even (평등해지려고) 갚아주다/복수하다
10	A: 난 다 잊고 새 출발 하고 싶어. 바쁘게 보내는 게 좋겠어. B: 좋은 생각이야. A: 나 자신에게 집중해야지.	move on (잊고) 새 출발하다 keep oneself busy 바쁘게 보내다/지내다 focus on 집중하다

Unit

9

Unit 9
하고 싶은 것과 "줄까?"의 의사표시와 제의들

would like (to)

Questions			Answers
Would you like to?	할래요/ 하고 싶어요?	Positive	I'd like to
			할래요/하고 싶어요
Would you like?	줄까?	Negative	I wouldn't like to
			안 할래요/하고 싶지 않아요

> 이렇게 이해합니다.

바로 뒤에 들리는 단어(동사)를 넣어 자연스럽게 연결해서 이해합니다.

의문	긍정	부정
Would you like to go now? go 가다 + 할래요?	I'd like to go now. go 가다 + 하고 싶어요.	I wouldn't like to go now. go 가다 + 하고 싶지 않아요.
(가는 걸 할래요?) 지금 갈래요?	(가는 걸 하고 싶어요) 지금 가고 싶어요.	(가는 걸 하고 싶지 않아요) 지금 가고 싶지 않아요.

Listening Practice

긍정문

☞ 듣고 따라 해보세요!
읽고 이해해 보세요!

Unit 9

#		
1	I'd like to think about it.	
2	I'd like to talk to you about something.	
3	I'd like to get a better job.	
4	Enough about me. I'd like to hear about you.	Enough about me. 내 얘긴 됐고.
5	I don't feel like cooking. I'd like to order in.	I don't feel like -ing ~할 기분이 아니야
6	I'd like to go shopping with a friend.	
7	I'd like to taste it.	taste 맛보다
8	I'd like to make a good first impression.	
9	I'd like to understand. Can you explain it to me?	
10	I'd like to celebrate our anniversary.	celebrate 기념하다, 축하하다

Listening Practice

긍정문

☞ 듣고 따라 해보세요!
읽고 이해해 보세요!

11	I'd like to get married next year.	get married 결혼하다
12	I'd like to get a divorce.	get a divorce 이혼하다
13	I'd like to think so.	
14	I'd like to take the stairs.	take the stairs 계단으로 가다
15	I'd like to watch something else. Can I have the remote?	the remote 리모컨
16	I'd like to thank you for everything. You're the best.	
17	I'd like to borrow it	
18	I'd like to have a good relationship with him.	
19	I'd like to improve our relationship.	
20	I'd like to practice yoga every day.	practice yoga 요가 수련하다

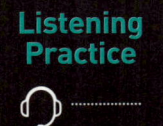

Listening Practice

긍정문

☞ 듣고 따라 해보세요!
읽고 이해해 보세요!

21	I'd like to be a singer.	
22	I'd like to be your friend.	
23	I'd like to be rich and famous.	
24	I'd like to be alone now.	
25	I'd like to be in love.	in love 사랑하는, 사랑에 빠진
26	I'd like to be realistic.	realistic 현실적인, 현실을 직시하는
27	I'd like to be independent.	independent 독립적인
28	I'd like to be happier.	
29	I'd like to be more positive.	
30	I'd like to be fit.	fit 건강한, 몸(매)이 좋은

Listening Practice

부정문

☞ 듣고 따라 해보세요!
읽고 이해해 보세요!

31	I wouldn't like to talk about him.	
32	I wouldn't like to do it without you.	
33	I wouldn't like to burst your bubble.	burst one's bubble 희망을 깨다, 실망시키다
34	I wouldn't like to see her again.	
35	I wouldn't like to text him back.	text-back (문자) 답장하다
36	I wouldn't like to go there alone.	
37	I wouldn't like to regret my decisions.	
38	I wouldn't like to feel this way.	
39	I wouldn't like to give you the wrong impression.	impression 인상
40	I wouldn't like to hurt his feelings.	

Listening Practice

부정문

☞ 듣고 따라 해보세요!
읽고 이해해 보세요!

41	I wouldn't like to share it with anyone.	
42	I wouldn't like to disappoint them.	disappoint 실망시키다
43	I wouldn't like to procrastinate.	procrastinate (할 일) 미루다
44	I wouldn't like to discuss it now. Now is not the time.	
45	I wouldn't like to say anything.	
46	I wouldn't like to lose our friendship.	friendship 우정
47	I wouldn't like to buy anything there.	
48	I wouldn't like to risk it. I'm not going to do it.	
49	I wouldn't like to badmouth him.	badmouth 나쁘게 말하다
50	I wouldn't like to kill the mood.	kill the mood 분위기 깨다

부정문

☞ 듣고 따라 해보세요!
읽고 이해해 보세요!

51	I wouldn't like to run away. 🔊	run away 도망가다
52	I wouldn't like to throw in the towel yet. 🔊	throw in the towel 포기해버리다/ 백기를 들다
53	I wouldn't like to take this call. 🔊	
54	I wouldn't like to be a burden. 🔊	burden 짐, 부담
55	I wouldn't like to be here. 🔊	
56	I wouldn't like to be alone now. 🔊	
57	I wouldn't like to be dependent on you. 🔊	dependent on 의존하는, 의지하는
58	I wouldn't like to be in his shoes. 🔊	in one's shoes ~의 입장
59	I wouldn't like to be in that position. 🔊	
60	I wouldn't like to be the third wheel. 🔊	the third wheel 불청객, 꼽사리 (세번째 바퀴)

Listening Practice

의문문

☞ 듣고 따라 해보세요!
읽고 이해해 보세요!

61	Would you like to sit here?	
62	Would you like to give it a try?	give it a try 한번 해보다
63	Would you like to switch?	switch 바꾸다
64	Would you like to try them on?	
65	Would you like to see more?	
66	Would you like to change seats?	
67	Would you like to come?	
68	Would you like to win? I'll help you.	
69	Would you like to have dinner with me tonight?	
70	Would you like to pay now?	

Listening Practice

의문문

☞ 듣고 따라 해보세요!
읽고 이해해 보세요!

71	What would you like to eat? What are you in the mood for?	in the mood for ~할 기분
72	When would you like to come back?	
73	Where would you like to go?	
74	What would you like to order?	
75	What would you like to ask me?	
76	What would you like to talk about?	
77	How long would you like to stay here?	
78	What would you like to do?	
79	What time would you like to come?	
80	Where would you like to meet?	

의문문

☞ 듣고 따라 해보세요!
읽고 이해해 보세요!

81	Would you like some tea?	
82	Would you like a massage?	
83	Would you like one?	
84	Would you like something to eat?	
85	Would you like some more?	
86	Would you like my assistance?	assistance 도움, 보조
87	Would you like a refill?	
88	Would you like a tour?	a tour (집, 회사 등) 구경시켜 주기/보여주기
89	Would you like a slice of pizza?	
90	Would you like my recipe?	

Listening Practice

의문문

☞ 듣고 따라 해보세요!
읽고 이해해 보세요!

91	Would you like a blanket?	
92	Would you like a clue?	a clue 힌트
93	Would you like a glass of wine?	
94	Would you like some cookies?	
95	Would you like a hug? Come here.	a hug 안아 주기
96	Would you like a bite? It's nice.	a bite 한 입
97	Would you like something to drink?	
98	What would you like?	
99	How would you like your eggs?	
100	Which one would you like?	

긍정문

☞ 들으며 이해해 보세요!
보고 영어로 말해보세요!

Unit 9

1	그건 생각해 보고 싶어요.	
2	당신과 뭔가 상의하고 싶어요.	
3	더 좋은 직업을 구하고 싶어요.	
4	내 얘긴 그만 됐고. (나에 대해서는 충분해) 네 얘기 듣고 싶어.	Enough about me. 내 얘긴 됐고.
5	요리할 기분이 아니야. 배달시켜 먹고 싶어요.	I don't feel like -ing ~할 기분이 아니야
6	친구 랑 쇼핑 갈래요.	
7	이거 맛보고 싶어요.	taste 맛보다
8	첫인상을 좋게 남기고 싶어요.	
9	이해하고 싶어. 내게 설명 좀 해줄래?	
10	우리의 기념일을 축하하고 싶어요.	celebrate 기념하다, 축하하다

246　　　　　　　　　　　　　　　　　Just Listen - 10분에 150문장 듣기

Listening Practice

긍정문

☞ 들으며 이해해 보세요!
보고 영어로 말해보세요!

11	내년에 결혼하고 싶어요.	get married 결혼하다
12	난 이혼하고 싶어.	get a divorce 이혼하다
13	나(도) 그렇게 생각하고 싶다.	
14	전 계단으로 가고 싶어요.	take the stairs 계단으로 가다
15	저는 다른 거 보고 싶은데요. 리모컨 주세요.	the remote 리모컨
16	당신께 모든 것에 대해 감사하고 싶어요. 당신이 최고입니다.	
17	이거 빌리고 싶어요.	
18	그와 좋은 관계를 가지고 싶어요.	
19	우리의 관계를 개선하고 싶어.	
20	전 매일 요가 수련을 하고 싶어요.	practice yoga 요가 수련하다

Listening Practice

긍정문

☞ 들으며 이해해 보세요!
보고 영어로 말해보세요!

21	가수가 되고 싶어. 🔊	
22	당신의 친구가 되고 싶어요. 🔊	
23	부자이고 유명해지고 싶어. 🔊	
24	지금은 혼자이고 싶어요. 🔊	
25	사랑하고 싶어. (사랑에 빠져 있고 싶어) 🔊	in love 사랑하는, 사랑에 빠진
26	현실을 직시하고 싶어. 🔊	realistic 현실적인, 현실을 직시하는
27	독립적이고 싶어요. 🔊	independent 독립적인
28	더 행복하고 싶어요. 🔊	
29	더 긍정적이고 싶어. 🔊	
30	난 건강하고 (몸이 좋고) 싶어. 🔊	fit 건강한, 몸(매)이 좋은

Listening Practice

부정문

☞ 들으며 이해해 보세요!
보고 영어로 말해보세요!

31	그 애 얘긴 하고 싶지 않아요.	
32	너 없이는 하고 싶지 않아.	
33	네 희망을 깨고 싶지 않아.	burst one's bubble 희망을 깨다, 실망시키다
34	그 애 다시는 보고 싶지 않아.	
35	걔에게 (문자) 답장하고 싶지 않아.	text-back (문자) 답장하다
36	거기에 혼자 가고 싶지 않아요.	
37	제 결정을 후회하고 싶지 않아요.	
38	이런 기분 느끼고 싶지 않아요.	
39	오해하게 하고 싶지 않아요. (잘못된 인상을 주고 싶지 않아요)	impression 인상
40	그의 감정을 상하게 하고 싶지 않아요.	

Listening Practice

부정문

☞ 들으며 이해해 보세요!
보고 영어로 말해보세요!

41	이건 아무와도 공유하고 싶지 않아요. 🔊	
42	그들을 실망시키고 싶지 않아요. 🔊	disappoint 실망시키다
43	할 일을 미루고 싶지 않아요. 🔊	procrastinate (할 일) 미루다
44	지금은 그 얘기 (논) 하고 싶지 않아요. 지금은 때 (그 시간) 가 아니에요. 🔊	
45	아무 말도 하고 싶지 않아요. 🔊	
46	우리의 우정을 잃고 싶지 않아. 🔊	friendship 우정
47	거기선 아무것도 사고 싶지 않아. 🔊	
48	모험 (위험 감수) 하고 싶지 않아. 안 할 거야. 🔊	
49	그 애에 대해 나쁘게 말하고 싶지 않아요. 🔊	badmouth 나쁘게 말하다
50	분위기 깨기 싫은데. 🔊	kill the mood 분위기 깨다

Listening Practice

부정문

☞ 들으며 이해해 보세요!
보고 영어로 말해보세요!

51	도망가고 싶지 않아요. 🔊	run away 도당가다
52	아직은 포기해버리고 싶지 않아요. 🔊	throw in the towel 포기해버리다/ 백기를 들다
53	이 전화받고 싶지 않아요. 🔊	
54	전 짐 (부담)이 되고 싶지 않아요. 🔊	burden 짐, 부담
55	여기 있고 싶지 않아. 🔊	
56	지금은 혼자이고 싶지 않아. 🔊	
57	네 게 의존하고 싶지 않아. 🔊	dependent on 의존하는, 의지하는
58	그의 입장이고 싶지 않아. 🔊	in one's shoes ~의 입장
59	그 위치에 있고 싶지 않아요. 🔊	
60	꼽사리 끼고 싶지 않아으. 🔊	the third wheel 불청객, 꼽사리(세 번째 바퀴)

Unit 9

Listening Practice

의문문

☞ 들으며 이해해 보세요!
보고 영어로 말해보세요!

61	여기 앉으실래요? 🔊	
62	한번 해보실래요? 🔊	give it a try 한번 해보다
63	바꿀래요? 🔊	switch 바꾸다
64	이것들 입어보실래요? 🔊	
65	더 볼래요? 🔊	
66	자리 바꿀래요? 🔊	
67	오실래요? 🔊	
68	이기고 싶어요? 제가 도와줄게요. 🔊	
69	오늘 밤 저와 저녁 드실래요? 🔊	
70	지금 (돈) 내실래요? 🔊	

Listening Practice

의문문

☞ 들으며 이해해 보세요!
보고 영어로 말해보세요!

71	뭐 드실래요? 뭐가 당겨? (무슨 (뭐 먹고 싶은) 기분이야?)	in the mood for ~할 기분
72	언제 다시 오실래요?	
73	어디로 갈래요?	
74	뭐 주문하실래요?	
75	제게 뭘 묻고 싶어요?	
76	무슨 얘기 할래요?	
77	여기서 얼마나 오래 앉을래요?	
78	뭐 하고 싶어요?	
79	몇 시에 올래요?	
80	어디서 만날래요?	

Unit 9

253

Listening Practice

의문문

☞ 들으며 이해해 보세요!
보고 영어로 말해보세요!

81	차 줄까요?	
82	마사지해 줄까요?	
83	하나 줄까요?	
84	(뭔가) 먹을 거 줄까요?	
85	조금 더 줄까요?	
86	제가 보조해 줄까요?	assistance 도움, 보조
87	리필 해 줄까요?	
88	구경시켜 줄까요?	a tour (집, 회사 등) 구경시켜 주기/보여주기
89	피자 한 조각 줄까요?	
90	내 레시피 줄까?	

Listening Practice

의문문

☞ 들으며 이해해 보세요!
보고 영어로 말해보세요!

91	담요 줄까요?	
92	힌트 줄까요?	a clue 힌트
93	와인 한 잔 줄까요?	
94	쿠키 좀 줄까요?	
95	안아줄까? 이리 와봐.	a hug 안아 주기
96	한 입 줄까? 맛있어.	a bite 한 입
97	마실 것 줄까요?	
98	뭐 줄까요?	
99	계란 어떻게 해줄까요?	
100	어느 걸로 줄까?	

Shadowing Practice

1	A: Hi, I would like to make a dinner reservation, please. B: Yes, I can help you with your reservation. A: I'd like the reservation for the 28th. B: Yes, and what time would you like your reservation for? A: I'd like a table for two at 8. B: Can I have your name, please?	
2	A: Are you ok? B: No, I'm not ok. A: Would you like a hug? Come here. B: Thanks.	
3	A: Come on in. This is my place. B: It's a nice place. A: Thanks. Make yourself comfortable. 　Would you like something to drink? B: Yes, please. I'll have some tea. A: I'll get you some tea. Would you like a tour? B: Yes, I'd like to see your room. A: This is my room. 　What are you going to do tonight? B: I don't know. I don't have any plans. A: We are going to celebrate our 2-year anniversary tonight. 　Would you like to join us? B: No, I wouldn't like to be the third wheel. 　You guys have a lovely time.	Make yourself comfortable. 편히 있어요/ 편히 앉아요. a tour 구경/보여줌 third wheel 꼽사리
4	A: This seat is uncomfortable. B: Is it? Would you like to switch? A: Can we do that? B: Yes, I don't mind. A: You're the best.	switch 바꾸다 I don't mind. 난 괜찮아/ 신경 안 쓰여.

 would like (to)

들으면서 따라 해보세요!
읽고 이해해 보세요!

5	A: How's your day going? B: Great. Are we still on for tonight? A: About that, I'd like to reschedule if it's alright with you. B: Yeah, it's fine. A: Something just came up. I have to take care of it.	Are we still on for ~? 우리 보는 거지/ 변동 없지? Something (just) came up. 일이 생겼어.
6	A: How long are you going to be away? B: I'm going to be away for 3 days. I'll be back this Friday. A: I'll pick you up from the station. B: That's so sweet of you. But I wouldn't like to impose. A: It's alright. I'd like to do that.	

7	A: I'd like to plan my daughter's birthday party.
	  Can you help?
	B: Yes, I can. What can I do for you?
	A: I have to find a venue first.
	  Can you recommend a nice place?
	B: The East Garden is very nice.
	  How many people would you like to invite?
		venue 장소
		recommend
		추천하다

8	A: It's Friday. What would you like to do? B: Well, I don't know. A: Shall we go out for a meal? B: Where would you like to go? A: I'd like to try one of the restaurants in Lafesta. B: Sounds nice. I should get ready now.	go out for a meal 식사하러 나가다
9	A: Hey, I'd like to ask you something. B: Sure. What would you like to ask? A: I'll show you my project, and I'd like an honest opinion. B: Wow, it's incredible!	

Shadowing Practice

1	A: 안녕하세요, 저녁식사 예약을 하고 싶어요. B: 네, 제가 예약 도와드릴 수 있어요. A: 28일로 예약을 하고 싶어요. B: 네, 몇 시 예약을 원하세요? A: 8시에 두 명 테이블이요 B: 성함 알려주시겠어요?	
2	A: 너 괜찮아? B: 아니, 안 괜찮아. A: 안아줄까? 이리 와. B: 고마워.	

3	A: 어서 와. 여기가 내 집이야.
	B: 집 좋다. (멋진 곳이다)
	A: 고마워. 편히 있어.
	  뭐 마실 것 줄까?
	B: 어. 차 마실게.
	A: 차 가져다줄게. (집) 구경시켜줄까?
	B: 어, 네 방을 보고 싶어.
	A: 이게 내 방이야.
	  오늘 밤에 너 뭐 할 거야?
	B: 몰라. 계획 없어.
	A: 우리 2주년 기념할 거야. 함께 할래?
	B: 아니, 꼽사리 끼고 싶지 않아.
	  너희들 좋은 시간 보내.
		Make yourself comfortable.
		편히 있어요/
		편히 앉아요.
		a tour 구경/보여줌
		third wheel 꼽사리

4	A: 이 자리 불편해. B: 그래? 바꿀래? A: 그래도 돼? B: 어, 난 괜찮아. A: (너) 최고야.	switch 바꾸다 I don't mind. 난 괜찮아/ 신경 안 쓰여.

would like (to)

들으면서 이해해 보세요!
영어로 바꾸어 말해보세요!

5	A: 오늘 하루 어떻게 보내고 있어? B: 좋아. 우리 오늘 밤 보는 거 변동 없지? A: 그거 말이야, 네게 괜찮다면, 재조정하고 싶은데. B: 그래, 괜찮아. A: 일이 막(금방) 생겼어. 그거 처리해야 돼서.	Are we still on for ~? 우리 보는 거지/ 변동 없지? Something (just) came up. 일이 생겼어.
6	A: 얼마나 (가) 있을 예정이야? 　(얼마나 떨어져 있을 거야) B: 3일 (가) 있을 거야. 어떤 금요일에 돌아올게. A: 역에 데리러 갈게. B: 고마워 (당신 참 스위트해). 　근데 부담 주고 싶지 않은데. A: 괜찮아. 그러고 싶어.	
7	A: 내 딸의 생일파티를 계획하고 싶은데. 　도와줄 수 있어? B: 어, 뭐 도와줄까? (내가 뭘 할 수 있어) A: 먼저 장소를 찾아야 돼. 　좋은 데 추천해 줄 수 있어? B: The East Garden 아주 괜찮아. 몇 명 초대하고 싶어?	venue 장소 recommend 추천하다
8	A: 금요일인데. 뭐 하고 싶어? B: 글쎄, 몰라. A: 식사하러 나갈까? B: 어디 가고 싶어? A: Lafesta에 식당들 중 하나 가보고 싶은데. B: 좋아. 나 지금 준비하는 게 좋겠다	go out for a meal 식사하러 나가다
9	A: 저기, 나 뭐 물어보고 싶은데. B: 그래. 뭐 묻고 싶은데? A: 내 프로젝트 보여 줄게, 솔직한 의견을 원해. B: 와, 이거 대단한데!	

Unit 9

Unit

10

Unit 10
있는 것과 없는 것의 존재들

There is

Questions	Answers	
Is there? [Are there?]	Positive	There is/are
		있어
있어? 있어요?	Negative	There isn't/aren't
		없어

> 이렇게 이해합니다.

바로 뒤에 들리는 단어(명사)를 넣어 자연스럽게 연결해서 이해합니다.

의문	긍정	부정
Is there time? time 시간+있어?	There is time. time 시간+있어.	There isn't time. time 시간+없어.
시간 있어?	시간 있어.	시간 없어.

<주의>

There is	단수/셀 수 없는 것들
There are	복수 (주로 -s가 끝에 붙어요)

<심화>

1. 뒤에 동사 하나 더 넣고 싶으면 "to"로 연결
There is time to do that. 그렇게 할 시간 있어.

2. 뒤에 문장도 넣을 수 있어요! (보통 something/someone/somewhere 등으로 연결)
There is something I have to do. 내가 해야 되는 거(뭔가) 있어.
There is something I want to do. 내가 하고 싶은 거(뭔가) 있어.

Listening Practice

긍정문

☞ 듣고 따라 해보세요!
읽고 이해해 보세요!

Unit 10

1	There is so much traffic.	traffic 차, 교통
2	There are some apples on the table. Help yourself.	Help yourself. (맘껏) 드세요.
3	There is a drive thru Starbucks. We should go there.	
4	There is a spare key in the drawer.	drawer 서랍
5	There are so many people here.	
6	There is a spark between us.	spark 불꽃, 스파크
7	There is a message for you.	
8	There is enough for everyone.	
9	There is some more. Would you like some more?	
10	There is plenty of time.	plenty of 많은

Listening Practice

긍정문

☞ 듣고 따라 해보세요!
읽고 이해해 보세요!

11	There are many benefits.	benefits 이점, 혜택
12	I don't think you should do that. There is another way.	way 길, 방법
13	There are many ways to do this.	
14	There are 365 days in a year.	
15	There are 24 hours in a day.	
16	Everything is free, but there is a catch.	a catch (그럼 그렇지/그럴 줄 알았어, 뭔가 힘들거나, 숨겨진 게 있는 것)
17	There is one tiny little problem.	tiny (little) 아주 작은
18	There is me. I'm here for you.	
19	There is one more thing. Don't be late.	one more thing 하나 더 (할 것, 말할 것 등)
20	There is your family. You should think about them.	

Unit 10

Listening Practice

긍정문

☞ 듣고 따라 해보세요!
읽고 이해해 보세요!

21	There is a car accident.	
22	There is a rumor.	rumor 루머, 소문
23	There is a saying. Laughter is the best medicine.	saying 그런 말, 명언, 속담 laughter 웃음
24	There is a mistake. I'm sorry.	
25	There's an emergency. Sorry. I have to go.	emergency 급한 일, 응급
26	There is good news and bad news. Which one would you like to hear first?	
27	There is a mix-up.	mix-up 뭔가 혼동/오류, 실수
28	There are some errors.	error 오류, 실수, 에러
29	There is a way. I'm sure.	
30	If there is a will, there is a way.	will 의지, 의욕

Listening Practice

긍정문

☞ 듣고 따라 해보세요!
읽고 이해해 보세요!

31	There is a solution to every problem.	
32	There is something on my mind.	
33	There is something missing.	missing 없어진, 빠진, 사라진
34	There is something else.	
35	There is something you should know.	
36	There is somewhere I want to go first.	
37	There is something I have to tell you.	
38	There is something I have to buy.	
39	There is someone I'd like to set you up with.	set-up (with) 소개(팅) 시켜주다
40	Before we go, there is something we have to do first.	

Unit 10

267

Listening Practice

부정문

☞ 듣고 따라 해보세요!
읽고 이해해 보세요!

41	There aren't many people here. It's quiet.	
42	There isn't enough. We have to get some more.	
43	There isn't anybody.	
44	There is nobody like you.	
45	There is no need.	no need 그럴 필요 없는
46	There is no need to panic.	panic 당황하다
47	There is no need to be angry.	
48	There is no trouble at all.	
49	There isn't any left.	
50	There is no point. It's hopeless.	hopeless 희망이 없는, 절망적인

Listening Practice

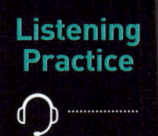

부정문

☞ 듣고 따라 해보세요!
읽고 이해해 보세요!

51	There is nothing more. That's all.	
52	There is nothing to do.	
53	There is nothing to say.	
54	There is no reason to be angry.	
55	There is nothing to worry about.	
56	No way! There is no way I will do that.	There's no way. (절대) 그럴 일 없어.
57	There is nowhere to sit.	
58	There is nobody we can trust.	
59	There is nothing wrong.	
60	There is no such thing.	such thing 그런 것

Unit 10

Listening Practice

부정문

☞ 듣고 따라 해보세요!
읽고 이해해 보세요!

61	There isn't anything in it. It's empty.	
62	There is no point in doing this. It's not going to help.	There's no point in ~할 의미/필요가 없다.
63	There is no point in pointing fingers.	point fingers 손가락질하다, 탓하다
64	There isn't anyone to talk to.	
65	There is nothing to eat. I'm starving.	starving 매우 배고픈
66	There is no way to fix this. We are in big trouble.	
67	There is no reason to do that.	
68	There is nothing you have to worry about.	
69	There is nothing we can do now.	
70	There isn't anything I want to do here.	

Listening Practice

의문문

☞ 듣고 따라 해보세요!
읽고 이해해 보세요!

71	Is there time? I'd like to use the bathroom before we go.	
72	Is there a profit?	profit 이윤, 이익
73	Is there a clue?	
74	Is there a cure for that?	cure for 치료(법)
75	Is there something on my face?	
76	Is there a limit? How much can I spend?	
77	Is there something else? What's that?	
78	Is there a reason? Can you tell me the reason?	
79	Is there a difference? I don't see it.	difference 다른 점, 차이점
80	Is there something on your mind? What's on your mind?	

Listening Practice

의문문

☞ 듣고 따라 해보세요!
읽고 이해해 보세요!

81	Are there enough?	
82	Is there a problem? Am I in trouble?	
83	Is there a solution?	
84	Is there hope? What hope is there for me?	
85	Are there a lot of people?	
86	How many people are there?	
87	How many people are there in the class?	
88	Is there a connection?	connection 연결, 관련
89	Are there any questions?	
90	Is there a point? What's your point?	

Listening Practice

의문문

☞ 듣고 따라 해보세요!
읽고 이해해 보세요!

91	Why is there so much traffic? What's going on?	What's going on? 무슨 일이야? 무슨 일이 벌어지는 거야?
92	Is there something to eat?	
93	Is there something bothering you?	bother 귀찮게 하다, 신경 쓰이게 하다
94	Is there something wrong?	
95	Is there somewhere we can go now?	
96	Is there something you want to share?	
97	Is there anything I can do?	
98	Is there anything you want to do?	
99	Is there anything you can't do?	
100	Is there anything you want to tell me?	

긍정문

☞ 들으며 이해해 보세요!
　보고 영어로 말해보세요!

Unit 10

#		
1	차 너무 많이 막힌다. (교통이 너무 많이 있다)	traffic 차, 교통
2	테이블 위에 사과 좀 있어요. 드세요.	Help yourself. (맘껏) 드세요.
3	드라이브 쓰루 스타벅스가 있어. 우리 거기로 가자. (가는 게 좋겠어)	
4	서랍 안에 스페어 키 있어.	drawer 서랍
5	여기에 사람 너무 많다.	
6	우리 사이에 스파크가 있어.	spark 불꽃, 스파크
7	네게 메시지가 있어.	
8	모두를 위해 충분히 있어.	
9	조금 더 있어. 조금 더 줄까?	
10	시간 많아. (시간 많이 있어)	plenty of 많은

Listening Practice

긍정문

☞ 들으며 이해해 보세요!
보고 영어로 말해보세요!

11	이로운 점이 많아. (많은 혜택이 있어.) 🔊	benefits 이점, 혜택
12	너 그거 안 하는 게 좋을 것 같아. (또) 다른 방법이 있어. 🔊	way 길, 방법
13	이거 하는 방법은 많아. (많은 방법이 있어) 🔊	
14	1년에 365일이 있어. 🔊	
15	하루에 24시간이 있지. 🔊	
16	모든 게 공짜지만, 뭐(a catch) 가 있어. 🔊	a catch (그럼 그렇지/그럴 줄 알았어, 뭔가 힘들거나, 숨겨진 게 있는 것)
17	아주 작은 문제가 하나 였어. 🔊	tiny (little) 아주 작은
18	내가 있잖아. 난 (널 위해) 여기 있어. 🔊	
19	하나 더 있어. 늦지 마. 🔊	one more thing 하나 더 (할 것, 말할 것 등)
20	너의 가족이 있잖아. 그들을 생각해야지. 🔊	

긍정문

☞ 들으며 이해해 보세요!
보고 영어로 말해보세요!

21	차 사고 났어. (차 사고가 있어)	
22	소문이 있는데 말이야.	rumor 루머, 소문
23	그런 말이 있잖아. 웃음이 최고의 약이라고.	saying 그런 말, 명언, 속담 laughter 웃음
24	실수가 있어요. 죄송해요.	
25	급한 일이 있어 서요. 죄송합니다. 가야 돼요.	emergency 급한 일, 응급
26	좋은 소식과 나쁜 소식이 있는데. 어느 것 먼저 들을래요?	
27	뭔가 혼동이 있네요.	mix-up 뭔가 혼동/오류, 실수
28	오류가 좀 있어요.	error 오류, 실수, 에러
29	길(방법)이 있어. 확실해.	
30	의지가 있다면, 방법이 있어.	will 의지, 의욕

Listening Practice

긍정문

☞ 들으며 이해해 보세요!
보고 영어로 말해보세요!

31	모든 문제에는 해결책이 있어요. 🔊	
32	걸리는 게 (생각하는 게) 있어. (마음에 뭔가 있어) 🔊	
33	뭔가 빠졌는데. (뭔가 빠진 게 있어) 🔊	missing 없어진, 빠진, 사라진
34	다른 게 (또/더) 있어. (이게 다 가 아니라는 의미) 🔊	
35	네 가 알아야 하는 게 있어. (네 가 알면 좋은 무언 가가 있어) 🔊	
36	내가 먼저 가고 싶은 데 (어딘가) 가 있어. 🔊	
37	너한테 말해야 되는 게 (무언가) 있어. 🔊	
38	나 사야 되는 게 (무언가) 있어. 🔊	
39	너 랑 소개팅 시켜주고 싶은 사람 (누군가)이 있어. 🔊	set-up (with) 소개(팅) 시켜주다
40	우리 가기 전에, 먼저 해야 되는 것이 있어. 🔊	

Listening Practice

부정문

☞ 들으며 이해해 보세요!
보고 영어로 말해보세요!

41	여기 사람 별로 없다. (사람이 많이 없어) 조용해.	
42	모자라 (충분히 없어). 조금 더 사야 돼.	
43	아무도 없어.	
44	너 같은 사람이 아무도 없어.	
45	그럴 필요가 없어요.	no need 그럴 필요 없는
46	당황할 필요가 없어요.	panic 당황하다
47	화낼 필요 없어.	
48	신경쓸 것 없어요. (전혀 문제가 없어요)	
49	하나도 안 남았어요.	
50	그래봤자 야. (의미가 없어) 절망적이야.	hopeless 희망이 없는, 절망적인

부정문

☞ 들으며 이해해 보세요!
보고 영어로 말해보세요!

51	(아무것도) 더 없어요. 그게 다예요. 🔊	
52	할 게 아무것도 없어. 🔊	
53	할 말 (아무것도) 없어. 🔊	
54	화날 이유가 없어. 🔊	
55	걱정할 거 아무것도 없어요. 🔊	
56	말도 안 돼! 난 절대 안 할 거야. (내가 그걸 할 일 없어) 🔊	There's no way (절대) 그럴 일 없어.
57	앉을 데가 (아무 데도) 없어. 🔊	
58	우리가 믿을 수 있는 사람이 (아무도) 없어. 🔊	
59	아무것도 잘못된 게 없어. 🔊	
60	그런 거 없어. 🔊	such thing 그런 것

Listening Practice

부정문

☞ 들으며 이해해 보세요!
보고 영어로 말해보세요!

61	그 안에 아무것도 없어요. 비었어요.	
62	이거 할 필요 없어. 도움이 안 될 거야.	There's no point in ~할 의미/필요가 없다.
63	손가락질할 필요가 없어.	point fingers 손가락질하다, 탓하다
64	말할 사람이 (아무도) 없어.	
65	먹을 게 없어. 배 너무 고프다.	starving 매우 배고픈
66	이걸 고칠 방법이 없어. 우리 큰일 났다.	
67	그럴 이유가 없잖아요.	
68	네가 걱정해야 되는 게 아무것도 없어.	
69	우리가 지금 할 수 있는 게 아무것도 없어.	
70	난 여기서 하고 싶은 게 없어.	

Listening Practice

의문문

☞ 들으며 이해해 보세요!
보고 영어로 말해보세요!

71	시간 있어? 우리 가기 전에, 화장실을 사용하고 싶어.	
72	이윤이 있나요?	profit 이윤, 이익
73	힌트가 있어?	
74	그거 치료법이 있나요?	cure for 치료(법)
75	내 얼굴에 뭔가 있니?	
76	제한 (한계) 이 있어요? 제가 얼마를 쓸 수 있죠?	limit 제한, 한계
77	뭐 더 (다른 거) 있어요? 뭐예요?	
78	이유가 있어? 이유를 내게 말해줄 수 있어?	
79	차이점이 있나요? 전 모르겠는데요. (전 안 보여요)	difference 다른 점, 차이점
80	생각하는 거 있니? (네 마음에 뭔가 있니?) 뭐 생각해? (뭐가 네 마음에 있니?)	

Listening Practice

의문문

☞ 들으며 이해해 보세요!
보고 영어로 말해보세요!

81	충분히 있어요?	
82	문제가 있어요? 저 큰일 났어요?	
83	해결책이 있을까요?	
84	희망이 있나? 내게 무슨 희망이 있어?	
85	사람 많아요?	
86	사람 얼마나 있어요? (몇 명이 있어요?)	
87	반에 사람이 몇 명이에요?	
88	관련 이 있나요?	connection 연결, 관련
89	질문 있어요?	
90	요점이 있어? 너의 요점이 뭐야?	

Listening Practice

의문문

☞ 들으며 이해해 보세요!
보고 영어로 말해보세요!

91	왜 차가 이렇게 막히지? 무슨 일이지?	What's going on? 무슨 일이야? 무슨 일이 벌어지는 거야?
92	먹을 거 있어?	
93	뭐 (뭔가) 신경 쓰이는 거 있어?	bother 귀찮게 하다, 신경 쓰이게 하다
94	뭔가 잘못되었나요? (뭐 잘못된 게 있나요?)	
95	우리 어디 (어딘가) 지금 갈 수 있는 곳이 있어?	
96	네가 공유하고 싶은 거 (뭔가) 있어?	
97	내가 할 수 있는 게 (아무거라도) 있어?	
98	네가 하고 싶은 게 (아무거라도) 있어?	
99	네가 못하는 게 (아무거-도) 있니?	
100	나한테 하고 싶은 말 (아무거라도) 있어?	

Shadowing Practice

1	A: I'm going to go out and run some errands. Can I get you anything? B: We're out of milk. Can you get some? A: Ok. Is there anything else? B: Nope. Ah, there's something else. A: What is it? B: Can you get some ice cream, please?	out of (다) 떨어진
2	A: I should warn you. She's really angry. B: Thanks for the heads up. A: There is one more thing. B: What's that?	warn 미리 말해주다 (경고) Thanks for the heads up. 미리 알려줘서 고마워.
3	A: It's good to be back. B: Yes, there's no place like home. A: I agree. I should go to bed early tonight. There are a lot of things to do tomorrow.	
4	A: There's something wrong here. My name isn't on the list. B: I'll check it out for you. Can I have your name, sir? A: My name is John Kay. B: You're right. Your name isn't on it. I'll quickly pull up the file. A: Thanks. B: Sorry. There is a mix-up with the lists. I'll see to it immediately.	pull up the file (컴퓨터) 파일 열다 mix-up 실수, 혼동 see to it 조처를 취하다, 처리하다 immediately 즉시, 바로
5	A: Is there a problem? B: There isn't a problem. There is no need for you to worry. A: If there is a problem, you have to tell me. B: Everything's fine. Can you stop worrying about me?	

🔊 There is

들으면서 따라 해보세요!
읽고 이해해 보세요!

6	A: Is there something else? B: Yes, there's something I have to tell you. A: If you are going to do this now, you have to make it quick. B: I can't talk about it over the phone. A: Would you like to talk about it over dinner? B: That would be nice. Thank you.	make it quick 빨리하다, 서두르다 over the phone 전화로 over dinner 저녁식사하면서
7	A: Is there anything you need? B: Yes, there is. I'd like some tea. A: I'll get you some tea. Is there anything else? B: Are there any cookies left? A: I think there are. I'll bring some with your tea. 　Here's your tea. 　There is something I have to take care of. B: Are you going to go out? A: Yes, but I'm going to come back soon. 　It is not going to take long.	
8	A: There is something wrong with my iPhone. B: What's wrong with it? A: It won't turn off. Can you take a look at it? B: There is a software problem. 　You can restart it like this. A: Wow. Thanks. Is there anything you can't do?	There's something wrong with ~가 잘못됐다/이상하다 won't (계속해도) 안 돼 restart 재시작 하다
9	A: How's the party? B: It's so good. A: Are there many people? B: Yes, there are. There are more than 20 people here. A: Have a good time. B: I will. I'll call you when it's over.	

Shadowing Practice

1	A: 나 나가서 볼일 좀 볼 거야. 　뭐 필요한 거 있어? (아무거나 사다 줄까?) B: 우유 떨어졌어. 좀 사다 줄 수 있어? A: 알았어. 또 있어? (다른 거 아무거나) B: 아니. 아, 또 있다. (뭔가 다른 거) A: 뭔 데? B: 아이스크림 사다 줄래?	out of (다) 떨어진
2	A: 내가 미리 말해줘야지. 그 애 엄청 화났어. B: 미리 알려줘서 고마워. A: 하나 더 있어. B: 뭔 데?	warn 미리 말해주다 (경고) Thanks for the heads up. 미리 알려줘서 고마워.
3	A: 돌아오니 좋다. B: 어, 집이 제일 좋지. (집 같은 곳이 없지) A: 공감해. (동의해) 오늘 밤엔 일찍 자야지. 　내일 할 일이 많아. (할 게 많은 것들이 있어)	
4	A: 여기 뭔가 잘못됐는데요. 　제 이름이 리스트에 없어요. B: 제가 확인해 드릴 게요. 성함을 알려주시겠습니까? A: John Kay입니다. B: 그러네요. 당신의 이름이 거기에 없네요. 제가 빨리 파일을 열어볼게요. A: 고마워요. B: 죄송해요. 리스트에 혼동이 있네요. 즉시 조처를 취할게요	pull up the file (컴퓨터) 파일 열다 mix-up 실수, 혼동 see to it 조처를 취하다, 처리하다 immediately 즉시, 바로
5	A: 문제 있어? B: 문제 없어. 네가 걱정할 필요가 없어. A: 문제가 있으면, 나한테 말해줘야 돼. B: 다(모든 것) 괜찮아. 내 걱정은 그만해줄래?	

There is

들으면서 이해해 보세요!
영어로 바꾸어 말해보세요!

6	A: 또 뭐 있어? (뭔가 다른 게 있어) B: 어, 너한테 말해야 되는 게 있어. A: 지금 할 거면, 빨리해야 돼. B: 전화로는 할 얘기가 아니야. (전화로 얘기 못 해) A: 저녁 식사하면서 (얘기) 할래? B: 그럼 좋겠다. 고마워.	make it quick 빨리하다, 서두르다 over the phone 전화로 over dinner 저녁식사하면서
7	A: 너 필요한 거 (아무거나) 있어? B: 어, 있어. 차 마시고 싶어. A: 차 가져다줄게. 딴 건? (다른 거 더 있어) B: 쿠키 남은 거 있나? A: 있는 거 같아. 차랑 같이 가져올게. 여기 차. 나 뭔가 처리해야 되는 게 있어서. B: 나갈 거야? A: 어, 하지만 금방 돌아올 거야. 오래 안 걸릴 거야.	
8	A: 내 아이폰이 이상해. B: 뭐가 잘못됐는데? A: 안 꺼져. 봐줄래? B: 소프트웨어 문제가 있어서 그래. 이렇게 재시작하면 돼. A: 와. 고마워. 네가 못하는 게 있긴 하니?	There's something wrong with ~가 잘못됐다/ 이상하다 won't (계속해도) 안 돼 restart 재시작 하다
9	A: 파티 어때? B: 아주 좋아. A: 사람 많아? B: 어. 20명 넘게 있어. A: 좋은 시간 보내. B: 그럴게. 끝나면 전화할게.	

Unit 10

Just Listen - 10분에 150문장 듣기

초판 1쇄 발행 2021년 4월 26일

지 은 이 | 박미진
디 자 인 | 정인호

펴 낸 곳 | Gana 출판
펴 낸 이 | 박미진
등   록 | 2021.2.9. 제 2021-000011호
홈페이지 | https://ganapublishing.modoo.at/
이 메 일 | mijinsam@naver.com

ISBN | 979-11-973905-1-7 (13740)

- 이 책은 국제저작권법에 의해 보호받으므로 어떠한 형태로든 전재, 복제, 표절할 수 없습니다.